男の美容武装

KUBOKI

WANI BOOKS

プロローグ

初めまして。ヘア&メイクアップアーティストのKUBOKIです。この仕事に就いて10年以上経ちますが、ヘア&メイクになる以前は、美容師として都内のヘアサロンに勤務していました。僕は今年で40歳になったので、換算すると、僕の人生の半分以上は「美容」に向き合った時間になります。その間には、人生観を変えるほどのさまざまな経験や人との出会いがありました。

そして今、僕がみなさんに強くお伝えしたいのは、〝男性こそ美容が人生の武器になる〟ということ。見た目が変わったことで自分に自信がつき、人とのコミュニケーションが上手になったり、仕事への積極性が増したり、周りから一目置かれる存在になったりと、さまざまな形で人生が変わっていく男性をたくさん見てきました。そのたびに、「この仕事をしていて本当によかった!」と思いますし、男性美容がもつ可能性の大きさについて改めて深く考えさせられてきたのです。

今の日本では、「ヘア&メイク」や「美容」というと、女性だけの習慣というイメージがまだ強いかもしれません。しかし、芸能の舞台裏では少なくとも昭和の時代から、俳優や男性アーティストに僕のようなプロのヘア&メイクがつき、個々の魅力が輝くように肌の色や質感、眉の形、髪型などを整えてきた歴史があります。僕もデビュー当時から、男性にヘア&メイクをする機会をたくさんいただいており、男女問わず年齢層も幅広く、担当させていただいています。

男性と美容って、実はシンプルで簡単なんです。最近は、男性専用の化粧品や美容家電も増えてきました。男性雑誌にも毎号、美容特集が当たり前のようにあり、美容に長けている一般男性も増えてきている。男性美容が、男の常識やマナーになる日は、そう遠くないはずです。

そんな風に力説している僕ですが、高校卒業までは茨城県の田舎育ち（茨城県の方、ごめんなさい！）。今でこそ、ヘア&メイクアップアーティストとして、雑誌やイベントなどに出演させていただく機会もありますが、襟足の髪だけが胸上くらいまで長いヘンな髪型をしていた時代もあります。ヘア&メイクとして独立した頃は、洋服もまだ何を着たらいいかわからない……。僕が所属するヘア&メイク事務所の社長には「ダサい！」と、よく叱られていました。事務所のホームページに掲載する僕の写真を撮影する現場で、服を着替えさせられたこともあります。

しかし、そんな僕も、この本を発売させていただくまでに見た目も内面も変わることができました。それは、仕事を通して、一流や本物を知るたくさんの男性たちと出会い、彼らの流儀や本質的な考えに触れ、それに刺激を受け、仕事の技術はもちろん、自身の見た目やマインド面についても、試行錯誤を自然と繰り返したくなり、実行してきたから。

この本には、美容師時代も含め、僕の今までの美容人生で培った男性美容の基礎知識や実践してよかった方法をまとめさせていただきました。中には、美容上級者向けのテクニックや情報にフォーカスした項目もあります。その他にも、僕が影響を受けた男性アーティストのお話しや、女性誌の撮影現場で学んだ、女性たちの意見なども要所要所で、取り上げております。

この本を手に取ってくださっていても、現段階では、「男が美容!?」、「自分は芸能人じゃないし」、「オジさんだし無関係」など、さまざまな理由で美容を他人事のように感じている男性が、たくさんいらっしゃると思います。しかし、誰にとっても人生は一度きり！　これからの時間を、男らしくカッコよく楽しく過ごすために、この本が美容をたしなむきっかけとなり、仕事でもプライベートでも徐々にうまくいくことが増えてきたとき、〝この本に出会っていたから……〟と思っていただけたら、幸いです。

ヘア＆メイクアップ アーティスト　ＫＵＢＯＫＩ

「男の美容武装」チェック

まずは、心当たりのある項目にチェックをつけてください。ひとつでも当てはまったら、社会人男性として自身をないがしろにしていたり、身だしなみを整えていない可能性があります。

- □ 1 学生時代から同じスタイリング剤を使っている
- □ 2 短髪だからと、タオルドライで済ませている
- □ 3 身体を洗うついでに、顔までボディソープで洗っている
- □ 4 「オーガニック」って何？
- □ 5 T字カミソリの刃を2ヵ月以上変えていない。または、同じ電気シェーバーを5年以上使っている

□ 6 薄毛を、遺伝や年齢によるものと諦めている

□ 7 化粧水や乳液を使っていない

□ 8 食後の口臭が気にならない。または、気になっても何もしない

□ 9 基本的に、服は試着せずに購入する

□ 10 眉毛カットを自分でしたことがない

□ 11 髪型を3年以上変えていない

□ 12 身体のトレーニングを何もしていない

ひとつでも当てはまった人は、
早速、「男の美容武装」を始めましょう。

理由はP14へ

男の美容武装

目次

第1章 mind

第2章 face

第3章 hair

第4章

etc.

チェックリスト答え合わせ

1 学生時代から同じスタイリング剤を使っている

［髪形によってスタイリング剤は変えるべき。］

2 短髪だからと、タオルドライで済ませている

［濡れたままにすると、雑菌が繁殖しやすく、髪もペタッとしてしまう。］

3 身体を洗うついでに、顔までボディソープで洗う

［顔の肌はとても敏感。体を洗う洗浄力のものとは分けること。］

4 「オーガニック」って何？

［カミソリを肌に当てる男性ほど、肌にやさしいものを知っておくこと。］

5 T字カミソリの刃を2ヵ月以上変えていない。または、同じ電気シェーバーを5年以上使っている

［カミソリやシェーバーは刃物。古い刃を肌にあてているとダメージが蓄積します。］

6 薄毛を、遺伝や年齢によるものと諦めている

［生活習慣やマッサージなどによって変えられます。］

7
化粧水や乳液を使っていない

「肌ケアは一番ラクで簡単。使うかどうかで未来が変わる。」

8
食後の口臭が気にならない。または、気になっても何もしない

「口臭は相手を気遣うマナーのひとつ。」

9
基本的に、服は試着せずに購入する

「自分のサイズ感を把握することで好印象が得られます。」

10
眉毛カットを自分でしたことがない

「顔の印象を左右。逆に言えば、整えるだけで清潔感アップ。」

11
髪型を3年以上変えていない

「年齢、時代によって、自分に似合う髪型や流行は変わるもの。」

12
身体のトレーニングを何もしていない

「生活は身体にあらわれる。年齢を重ねるほどケアが必要。」

RULE

01

見た目の「武装」は、デキる男への第一歩

この本を今、手に取ってくださった男性の中にはまだ、「男が見た目を気にするなんて」「美容はちょっと…」と、躊躇《ちゅうちょ》する方がいらっしゃると思います。けれども、ヒゲの剃り残しやカミソリ負けがない肌で、体がある程度引き締まっている男性には、年齢を問わず、圧倒的にポジティブな印象を受けますよね。仕事がデキそう、自己管理ができていそう、家族や恋人はもちろん、職場の人間からも大切にされていそうなど、いい印象を上げだしたらキリがない。

一般的には、女性よりも男性の方が仕事が占める精神的割合は高いといわれています。だからこそ、男性は〝見た目〟を味方につけたほうが、絶対にトクだし有利にも幸せにもなれると確信しています。さらには、自分に自信がついて、内面も変わって

いくはずです！

しかも、見た目を味方につけることは、男性にとって実はそんなに難しいことではないんです。要は、『清潔感を身につける』ことだけでいいから。

男性の清潔感は、毎日のヒゲの剃り方や洋服の着こなし方を少し意識するだけで、大きく変わっていきます。どんな職業でも、仕事がデキるようになるにはたくさんの経験を積んだり、スキルや知識を身につける必要があります。なのでまずは、清潔感を身につけることのほうがずっと簡単だし、短期間で効果がでます。

この本のタイトルでもある『男の美容武装』は、多くのメリットが得られる裏技です。生存競争が激しい現代のビジネス社会を賢く生き抜くコツとも言えます。

RULE

02

実は女性より男性のほうがケアすべき

これまでの人生を振り返ってみてください。学生時代から現在に至るまで、男性は大きくふたつのタイプに分けられてきたと思いませんか？　それは、誰からも好感をもたれる男性と、そうでない男性です。そして、この差を生んでいるのは、生まれもったルックスではありません。後天的に得た〝清潔感〟によるものが大きいと、僕は思います。

清潔感を身につける具体策はこれからたくさん取り上げますが、そのすべてに共通する大前提として、脳裏に焼きつけていただきたいことがあります。それは、〝男性の汗と皮脂（＝アブラ）の分泌量は基本的に、女性の約2倍もある〟ということ。すると、どうなるでしょうか？　肌がベタベタ、ギトギトしやすいのはもちろん、空気中に舞っているホコリなどが肌に付着して、肌あれ（かゆみや吹き出物、毛穴の汚れや目立ちなど）が起きやすくなります。また、皮脂量が女性よりも多いのは、頭皮や体の皮膚も同じ。頭皮の毛穴に皮脂が詰まったままでは薄毛などの原因になり、身体の皮膚の上で皮脂と汗が混ざると雑菌が繁殖して、吹き出物ができたり、臭いが強くなります。

カンがいい方は、そろそろお気づきだと思います。そう実は、女性よりも男性のほうが、きちんとケアをしないと清潔でいることが難しいということを。しかし、面倒な作業や手間は一切必要ありません。また、清潔感はいくつからでも身につけられ、高ければ高いほど、周りにも自分にも好影響を与えます。現代社会に生きる男性のみなさん、一緒に頑張りましょう！

RULE 03

清潔感は「毛」にあらわれる

男性は『見た目を味方につけるべき』で、そのコツは『清潔感を身につけること』と先述しました。では、男性の清潔感は主にどこから生まれるのでしょうか？　答えは、「毛」です。ここでいう毛とは、髪だけではありません。ヒゲはもちろん、眉毛、鼻毛、耳毛、体毛、陰毛に至るまで、全身に生えている「毛」のことです。なぜなら日本人の毛は、黒いが故に肌とのコントラストが強くて目立ちやすく、生えている範囲も広いから。見た目に及ぼす影響力が強いんです。

女性はなりたいイメージへ近づくためにメイクをしていますが、同様の効果が男性の毛にはあります。美意識の高い女性の中には、「メイクは身だしなみ」と断言する方もいらっしゃいます。そんな女性を見習って、男性も身だしなみとして「毛」は整えるべき。

中でも、男性が特に意識すべきは、「髪」と「ヒゲ」。

ともに顔や頭を囲むように生えていて、その人の印象を大きく左右します。髪がボサボサしていてヒゲも剃り残しがあったり、のばしっぱなしの男性には、不精な魅力というものがなくはないですが、清潔感という面ではもってのほか。社会人としても身だしなみが整っていないだらしない印象を与えます。

その他にも、髪型を変えるだけで薄毛が目立ちにくくなったり、ヒゲを計算して作ることで顔の大きさや輪郭や頬のたるみが気にならなくなるといった、メリットがあります。髪やヒゲは、多くの男性がこれまでも手をつけたことがあるパーツ、美容に抵抗がある男性でもトライしやすいはず。なのでできることから少しずつ始め、清潔感をモノにしていきましょう。

RULE

04

変化を恐れない

男性は一途な生きモノで、一度気に入ったものやお店を変えない傾向があります。また、見た目がいい方向へ変わっていくことに照れや恥ずかしさを覚える男性が多いことも事実。心当たりがある方も多いのではないでしょうか。「いつもの髪型で」と3年以上オーダーし続けている方も、その典型的な例です。

そんな頑固さや自尊心の高さは、男性の魅力のひとつでもあると思うのですが、見た目を武器にするという柔軟な心をもって、ほかも試していただきたいと思うのです。

この本では、カミソリやシャンプー、スタイリング剤から美容室（理容室）まで、いつも使っているアイテムを変えてみましょうという提案をいくつかしていきます。また、化粧水やオイルなど、男性の所持率が低そうなアイテムの使用もすすめています。

古いものがけっして悪いからではなく、最新の技術や流行を取り入れるだけで、頑張らなくても見た目（清潔感）が変わることもあるからです。

すすめられたら使ってみる、気になったら試してみる、そんな素直でニュートラルな姿勢も、「男の美容武装」の成功のカギになります。


日本人男性はとても恥ずかしがり屋で、美容武装を始めて見た目がいい方向へ変わっていくことに、とまどいを覚える男性も少なくないと思います。また、美容武装を始めたばかりの段階では、誰かにからかわれることがあるかもしれません。でも、絶対に途中放棄しないでほしい。

この本を読んでくださっているあなたは、見た目もマインド面も今の自分に満足していませんよね？　その反面、このまま人生が終わってもいいとも思っていませんよね？　そのくすぶりを打破する手段のひとつが、美容武装なんです。続けた先には、僕がこれまで出会ってきた男性たちのように〝人生が変わる何か〟が待ち受けていますよ！

RULE 05

カッコよくなるだけが男の美容武装のゴールじゃない

自宅でも学校でも、子供の頃に「身だしなみを整えなさい」と、大人たちから言われましたよね。それは、身だしなみを整えることが、社会生活を送るうえでのマナーや礼儀作法のひとつだから。そう学んで大人になった今、あなたは自分の見た目や内面に自信をもっていますか？

決して完璧でなくていいんです。それでも、「いいえ」と言うのなら、その原因はもしかしたら、生まれもったルックスにあるのではなく、ただ身だしなみを整えるという最低限のマナーができていないからではないでしょうか？

だから、そんなコンプレックスの解消は、実はとても簡単。男の美容武装の真髄でもある〝身だしなみを整えること〟を遂行すればいいだけなのです。ヒゲ剃りやヘアセットなど、1日1回の手入れを普通に行うだけ。その先には必ず、清潔感や健康的といったポジティブな魅力が自身に染みつき、周りへ伝わり、昇進や結婚、家族愛など、さまざまないい形になって自分に返ってくる。誰だって、何事も礼儀作法やマナーがいい人に任せたいと思いますよね？　美容武装を続けることで無意識のうちに、〝選ばれる男〟になっているのです。それが、男の美容武装のゴールのひとつ。

同時に、出来事を卑屈に捉える思考回路が弱まり、さまざまなことに挑戦しやすくなることも、男の美容武装の醍醐味です。身だしなみを整えるだけで、誰もが自分を肯定的に受け入れてくれるようになります。すると、さまざまなチャンスが舞い込み、自身でも自然とトライしたくなるはず。気持ちに余裕が生まれ、周りに優しくなれる人も多いでしょう。

想像するだけで、ワクワクしませんか？　でも、決してウソでも奇跡でもありません。美容武装をしたあなたにこれから起こるうれしい出来事は、あなたが自分の力で着実に得た〝成功〟なんです。

まずはここから やってみよう！

鏡を見よう

誰でも今すぐ簡単にできて、効果が現れやすい取り組みです。1日3回、1分でいいので、鏡に映った自分をじっくり観察してみてください。例えば、人に会う前、商談の前など、鏡を見る行動をプラスしてみてください。ヒゲの剃り残しや肌あれ、のびた鼻毛、体形の変化など、〝身だしなみの乱れ〟に気づくはず。小さい鏡をバッグに携帯しておきたいもの。それが、変わることへの第一歩です。

目標の人を見つけよう

僕自身が郷ひろみさんやEXILEのHIROさんに影響を受けたように、進むべき方向性や理想が見つかると、変わることへの第一歩が踏み出しやすくなり、モチベーションも高く保てます。好きなアーティストや俳優はもちろん、会社の先輩や学生時代の友人など、誰でも構いません。

〝素敵だな〟と思う男性を見つけてください。

使っているものを変えてみよう

カミソリや整髪料、化粧品など、男の日用品は日々進化しています。それを変えるだけでも、肌がキレイになったり、朝のヒゲ剃りの時間が短縮されて他のことに時間をさけたり、頑張らなくてもカッコよく変われることがあります。新しいものを適度に取り入れる好奇心も、ぜひ持ち合わせていただきたい。

第三者の意見を聞いてみよう

今のヘアスタイルやヒゲの形、ファッションなどにこだわりがあってもなくても、周囲の人に「似合ってる？」「どう思う？」と聞いてみましょう。ダメ出しされることも多々ありますが、もっといいアドバイスをもらえたり、自身が気づいていない魅力を発見できることもあります。人のアドバイスを素直に聞く柔軟な姿勢も大切。

「毛」を意識しよう

ヘア＆メイクという仕事を通して実感するのは、男女問わずメイクよりも髪型のほうが、変身効果が高いということ。しかも、男性にはメイクという手段がありません。だからこそ、髪、ヒゲ、眉、鼻毛、耳毛など、あらゆる「毛」が、清潔感の有無や印象を大きく左右します。ヒゲの剃り残しや鼻毛など、「たかがそれだけ……」と思っている部分を整えるだけでも、周りがあなたに抱く印象は必ず変わります。

「男性用の美容家電」を使ってみよう

電気シェーバーひとつをとっても、約1年ごとに最新モデルが発表されています。それほど、美容家電は進化が早いし、頭皮マッサージャーやボディシェーバー、グルーミングキット、毛穴に詰まった汚れを取るものまで、最近は男性向けに開発された美容家電の種類も増えています。うまく取り入れればより簡単に美容武装ができるので、まずは家電量販店へ行ってみるのもアリです。

第1章

mind

さまざまな業界の第一線で輝く、“プロフェッショナル”な男性の思考や流儀を通して、男にとって美容武装が必要な理由を紹介します。美容に無頓着だった人、躊躇していた人、3日坊主で終わっていた人も、新たな気持ちで「男の美容武装」に取り組めるはず。

01

郷ひろみさんの「プロ意識」に学ぶこと

3年ほど前から僕は、郷ひろみさんのヘア&メイクを担当させていただいてます。郷さんといえば、デビューから40年以上経った今も、芸能界で輝き続ける大スター! そんな方と同じ空間を共有できるだけでも大変光栄なのに、仕事を通して郷さんは、僕にたくさんの好影響を与えてくれました。

ひとつは、〝郷ひろみであるため〟に向上心を高くもつこと。僕も含めて多くの男性には、一度気に入ったものを使い続ける保守的な習性があると思います。けれども、郷さんは新しいものや周囲からすすめられたもの、気になったものに出会ったら、必ず試してみる人なんです。もちろん、郷さんにも愛用しているものはあります。しかし、〝そのままでいい〟とは決して考えていない。何事に対しても広い視野と受け皿を持ち、現状をもっとよくしようとするんです。芸能界では、誰もが認める〝大物〟です。そこまで昇りつめたなら、現状に満足してもおかしくないと思いますが、郷さんにはその気持ちが微塵もない。

また、〝郷ひろみであるため〟に、細部まで手を抜かない徹底したプロフェッショナルの姿勢を教えていただきました。郷さんはステージに立つ前、ルーティーンとして、全身をくまなくチェックします。そして、もみあげの髪が1本でものびていたら、必ず見つけてカットします。他にも、ハンドクリームやネイルオイルを塗り、目薬をさして……など、至近距離で見ても絶対に気づかない所まで、抜かりなくケアをされています。みんなが求める完璧な〝郷ひろみであるため〟に。

さらに驚くべきは、美容師でもある僕だからわかる、髪型の絶妙なバランスにも気づくこと。僕が心の中で〝うまくできた！〟と思った瞬間、郷さんも「いいね！」と褒めてくださいます。僕はプロのヘア&メイクですが、だからといってすべてを僕に委ねない姿勢に、郷さんの『スター』としてのプロ意識の高さを感じ、尊敬せずにはいられません。

郷さんの徹底したプロ意識の高さは、体つきにもあらわれています。

テレビでもライブでも、郷さんのステージをご覧になっていただければすぐにわかると思います。62歳になった今も、ダンスのキレやパフォーマンスが、まったく衰えていません。この対談（139ページ）でお聞きしたところ、筋力トレーニングは週に3回、ストレッチは毎日行っているそうです。実際に、定期的に鍛えている40代男性にも劣らないくらい、本当に均整のとれた体をしていらっしゃいます。ステージ上でも撮影でも、どんな服もさらりと着こなしてしまうのは、そのストイックな身体作りにあるのだと僕は分析しています。僕もジムには通っていますが、あの身体は並大抵の努力では絶対に作れない。そして、努力していることを公言しないところも、本当にカッコいい！　僕にとって郷さんは、つねにお手本にしたい人です。

郷さんとは違って、僕たちの仕事は基本的に、人前に出るものではありません。しかし、僕たちが働く「社会（会社）」とは、郷さんにとってのステージと同じです。外見を気にせず、プロ意識も持たず、ありのままの姿で向かう場所ではないと、僕は思います。

郷さんに出会ってから僕は、〝ヘア&メイクアップアーティスト・KUBOKI〟のためなら頑張れることが増えました（本名の久保木和範のためになると、僕も辛いときやできないことも増えます……）。

みなさんも、社会の一人としての別人格を持つと、見た目を武器にする美容武装が楽しくなり、モチベーションも高く保てるのではないでしょうか。

02 本当のいい男は、『負け』を知っている

この本の読者の方の中には、これまでの人生で多くの苦難や挫折を味わい、今の自分に自信を失っている人もいらっしゃるかと思います。その経験は本当に辛かっただろうし、傷は今も癒えていないかもしれません。しかし、今まで何事もなく順風満帆に人生を過ごしていたら、大人の男にとって大切な〝人としての深み〟を得ることはできなかったでしょう。

これまでの人生で負けを知っている人は、傷もあるし、痛みも知っている分、成長して、いい男になると僕は断言できます。仕事に限らず、受験や部活のスタメン争い、恋愛でも、何かに負けて人生のどん底を味わい、そこから這い上がってきた人たちは今、言葉の重みや醸し出す雰囲気が明らかに違う。それはいくら美容武装をしても絶

対に得られない男性の魅力のひとつだし、僕自身もそんな魅力を静かにもつ人生の先輩たちに憧れています。

僕の人生において、過去に2回ほど苦しい時代がありました。1度目は美容師のアシスタント時代。2度目は、ヘア&メイクのアシスタント時代です。当時は、アシスタントに給料なんてない時代。どんなに働いても、お金がなかった。借金をしたこともあります(笑)。本当に苦しかったけれど、ヘア&メイクになりたいという目指すところが明確にあったから楽しかったし、お金がなくても耐えられました。そして今でも、ピンチや困難は突然やってきます。年齢を重ねた分、負った傷が深いときもある。けれども今は、「ずっと辛いわけじゃない」と思って、耐えることができます。過去に苦しい経験もしてきたから。

たくさんの負けを繰り返して今の人生が楽しくなくても、決して自分を諦めないでください。その負けは、美容武装をしたあなたをさらに輝かせる人生の糧です。〝負け〟というかけがえのない経験をもっている男性こそ、見た目が武器になるのだから。

03

魅力的な男には、品とユーモアが交差する

ヘア&メイクとして独立したばかりの頃、有名人やアーティストは、大御所や人気者になればなるほど近寄り難くなるイメージをもっていました。しかし、実際にお会いしてお仕事をご一緒させていただくと、トップクラスの人ほど、「何を言っているんですか！」と思わず突っ込みたくなることを言って場をほぐしたり、距離感をぐっと縮めてくださいます。いらない緊張感が漂っている現場では、クスッと笑えるようなひと言を放って、雰囲気を和ませてくださることもあります。

いくつになっても、真面目であることはとても大切です。しかし時には、暗い雰囲気や争いさえも吹き飛ばすほどのパワーが、ユーモアにあることも否めません。そして、トップクラスの人たちは皆、そんなユーモアの力を知っていて、空気を読んでタ

イミングを見計らい、絶妙に投げかけてくるセンスが神業のようにうまい！　スタッフをはじめ、周囲へのマネジメント能力の高さには本当に驚かされます。思わずついていきたくなるし、「この人のために頑張ろう！」とさらなる意欲も湧いてきます。魅力的な男を目指すなら、ユーモアのセンスと、それを言える余裕を身につけたいもの。

その一方、ユーモアって誰が言っても効果的に働くわけではないことも、僕の経験から強くお伝えしたいことです。ユーモアのセンスを感じる人たちは全員、ベースに〝品〟をもっています。年齢や個々のテイストにかかわらず、この本で紹介するような美容法はマナーとして自然に行っているし、すべてにおいて向上心が高い。普段がきちんとしているからこそ、そのギャップとしてユーモアが効くのだと思います。ユーモアセンスだけ磨いても、ダメなんですよね。

04

最後に勝つのは、バランス感覚の高い男

男性には凝り性な部分があって、好きなことを掘り下げて取り組むのが得意です。僕も歯磨きと靴磨きが大好きで、たくさんのうんちくや道具をそろえては、時間や家族の存在を忘れてつい没頭してしまうことも……。

だからこそ、この本を読み、美容に悪い意味でハマってしまう男性が増えないか、心配もしています。美容って奥深く、凝り出したらキリがありません。しかも、熱心なのはとてもいいことです。しかし、ときには自分を客観視しないと、やりすぎ感が出てしまうのも美容の落とし穴。この本でも取り上げる「眉の手入れ」を例に上げると、男性は凝り出すと眉ばかり気にして、その周辺の肌や髪のケアをおろそかにしてしまう。すると、美容武装は自然さが命なのに、眉だけがキレイになってヘンに浮い

てしまいます。
脳の構造的にも、男性はいろいろなことの同時進行が苦手な生き物といわれています。あるひとつの手入れに慣れてきたら、鏡を通して自分を俯瞰《ふかん》して見る時間を設けましょう。そして、今の自分に足りない手入れを新たに取り入れてください。視野を広げることで成功率が高まるのも、美容武装のポイントです。

これは、人生観にも通ずることだと思うのです。男性は基本的に、仕事や趣味に没頭しがち。けれども、そのときどきで自分を客観的に見る広い視野をもち、家庭を常に顧みながら、好きなこともやるべきこともバランスよくこなしている男性は、年齢を重ねるほど、男としての懐の深さや包容力がやっぱり違う。それは人生の経験値から生まれた確固たる魅力であり、そんなバランス感覚をもった諸先輩方に僕も強く憧れるし、目指したいところでもあります。

05

理想的なリーダーであり、男が惚れる男・HIROさん

働き盛りの男性なら、1本の太い筋がまっすぐ通ったような人、いわゆる「古き良き時代の男」に憧れる一面があると思います。僕にとって、そのイメージにぴったり当てはまり、影響を受けずにはいられない男性が、EXILEのHIROさんです。

HIROさんのヘア&メイクを僕が担当し始めたのは、今から約7年前。HIROさんは僕より年上ですが、出会ってから一度も僕に敬語を使わなかったことがありません。撮影現場ではいつも、「おはようございます。宜しくお願いします」で始まり、最後は「ありがとうございました。おつかれさまでした」で終わる。男同士に多い、〝うっす〟的な挨拶を一度もされたことがない。本当に徹底されています。

この理由を僕なりに分析すると、HIROさんはきっと、ヘア&メイクのプロとし

て僕を尊重してくださっているからだと思います。同時に、「プロフェッショナルな仕事を求める」というＨＩＲＯさんからの強い気持ちの表れでもあると感じています。

メイクルームでも基本的に会話は少なく、緊張感が常にあります。友達感覚は一切ない。でも、そのおかげで僕は、ＨＩＲＯさんに求められたプロの仕事に集中し、全うすることができるんです。


そうお話しすると、堅物なイメージが先行してしまいそうですが、ＨＩＲＯさんは愛情もかなり深い人。

今年になって僕に長男が誕生したのですが、そのことをＨＩＲＯさんには報告していませんでした。しかし、ある日、びっくりするほどの出産祝いをさりげなくプレゼントしていただいたんです。本当に驚いたし、その心遣いに感動しました。ＨＩＲＯさんは現在、ＥＸＩＬＥや三代目 Ｊ Ｓｏｕｌ Ｂｒｏｔｈｅｒｓ、Ｅ－ｇｉｒｌｓなどが所属するグローバル・エンタテインメント企業「ＬＤＨ ＪＡＰＡＮ」の会長を務める人。多忙でもあり、立場的にもいちスタッフである僕に気を配る必要はないはず。けれども、ＨＩＲＯさんはどんな立場になっても自分がブレることなく、誰に対しても低姿勢で思いやりを絶やさないんです。

所属するアーティストやスタッフからも、ＨＩＲＯさんへの愚痴を聞いたことは一切ありません。それよりも強く伝わってくるのは、ＨＩＲＯさんへの尊敬と感謝の念。

これは聞いた話になりますが、事務所の「ＬＤＨ　ＪＡＰＡＮ」では所属する社員やアーティストに必ず配られる本があると聞きました。そこには、ＨＩＲＯさんのこれまでの人生から得た哲学や、それぞれの立場に合った心構えなどが書かれていて、全員がそれを自然と遵守しているそうです。そのため、「ＬＤＨ　ＪＡＰＡＮ」に所属するアーティストさんたちは皆、縦社会のきちんとしたマナーが身についていて、一緒に仕事をすると礼儀正しく気持ちいいと評判です。ベテランの俳優さんでさえ、一度彼らに会っただけでファンになる方が少なくないんですよ。礼儀作法を重んじ、誰に対しても決して驕《おご》り高ぶらないＨＩＲＯさんの深すぎる人間性がよく表れたエピソードだと思います。

この本では男性の美容について述べていますが、内面に宿る男らしさや器の大きさも、少なからず外見に影響を及ぼします。その魅力は、プロのヘア&メイクの腕を持っても、隠したり足したりはできません。

この本を読んでくださる多くの男性の今後には、さらなる変化が待っていると思います。男はやっぱり中身も大切！　ＨＩＲＯさんの生き様を見ていると、自分にとって大切なものや、物事の本質を見失わずに成長していきたいと強く思うんです。

見た目COLUMN

30代半ばを過ぎたら、Tシャツは「丸首」を

突然ですが、丸首とVネックのTシャツ、どちらが好きですか？

ヘア&メイクの仕事をするとき、僕は主に黒のTシャツを着ていますが、30代半ば頃から“丸首一筋”になりました。30代前半までは、Vネックもよく着ていました。スタイルに抜け感や男の色気が出るような気がして、好きでした。しかし、あるときから急にVネックを着た自分を見て、「なんかギラギラしているな……」と違和感を覚え始めたんです。それ以来、Vネックは一度も着たことがありません。ファッション専門の男性スタイリストさんにも聞いてみたところ、同じ意見を持つ人が多数いました。年齢による顔、身体、心の変化によるものだと思うけれど、顔まわりの肌の露出が多いのが理由かもしれません。肌を出すさりげない色気を通り越してギラギラ感が漂うようになったら、Vネック卒業をおすすめします。

第2章

face

男の日課「ヒゲ剃り」を中心に、大人の男性に必要な顔のお手入れ方法を解説します。できるところから毎日正しく行ううちに、清潔感や精悍さがぐっと増し、周りから一目置かれる存在に。できている自信がある人も、この機会にぜひ見直しを！

01 ヒゲを制して、男を上げる

男性美容に抵抗がある人でも受け入れやすく、短期間で着実に清潔感を上げられるのが、〝ヒゲの剃り方を見直す〟ことです。なぜなら、ヒゲは色が黒くて存在感が強いうえ、顔の広範囲を占めるもの。顔の印象を大きく左右する重要なパーツです。同時に、男性特有のものだからこそ、女性からの視線も自然と集まり、チェックも厳しい（笑）。毎日シェービングをしていても、カミソリ負けをしていたり剃り残しがあっては、清潔感が一気にダウンします。たかがヒゲ剃り。されどヒゲ剃り。侮れません。

そもそも、シェービングは多くの男性にとって毎日の習慣でありながら、正しい知識をもった人にヒゲの剃り方をきちんと教わった経験がある人は少ないはず。そのため、多くの人が間違った自己流のヒゲの剃り方をし、肌を傷めています。ヒゲを剃った部分がカサカサする、粉が吹く、ニキビができるといった人は、この機会に正しいヒゲの剃り方をマスターしましょう。

まず押さえていただきたいのは、**カミソリを滑らせる方向**です。ヒゲの濃さや硬さによって、**上から下へ滑らせる「順剃り」と、下から上へ滑らせる「逆剃り」のふたつに大きく分けられます**。あごや口周りの硬い毛は、順剃りをしましょう。そのあと、どうしてもザラつく剃り残しには逆剃りをします。逆剃りは毛を起こして剃るため、深く剃ること（いわゆる深剃り）ができ、毛の断面も小さいためキレイに見え、生えてくるのも遅らせます。ただし、肌に与えるダメージが大きく、最小限の範囲で行うこと。これは、電動シェーバーで行う場合にも当てはまります。また、順剃りでも逆剃りでも、片方の手で肌を持ち上げてシワがないフラットな肌の状態にしてから剃りましょう。

また、先述したように、男性の肌は女性の肌と比較しても水分量が基本的に少なく、肌あれしやすい性質です。シェービング剤は必ず使うべきだし、カミソリの選び方やアフターケアも肌の状態に影響を与えます。

正しいヒゲの剃り方

STEP1：シェービング剤をつける

シェービングは、洗顔の前に行います。乾燥した肌やヒゲは硬く、カミソリ負けを起こしがち。ぬるま湯で肌とヒゲを湿らせてから、剃りたい部分にシェービング剤をつけます。ヒゲが硬い人はバスルームで体が温まってから行うと、もっというと、蒸しタオルをヒゲに当てるとさらにヒゲが柔らかくなり、肌への負担が少なくキレイに剃れるようになります。

STEP2：頬やもみあげから剃る

剃り始めるのは、頬やもみあげなど、面積が広い部分から。この部分のヒゲは比較的柔らかいので、片方の手でカミソリを動かす方向とは逆に肌を引っぱりながら「順剃り」をします。

STEP3：あごや口周りの硬い毛は順剃り

あごや口周りは、硬いヒゲが生えやすい。シェービング剤や水分が浸透してヒゲが柔らかくなってから、「順剃り」で剃りましょう。

STEP4：剃り残しは逆剃り

手で触ってザラつく部分のみ、「逆剃り」をします。逆剃りは毛を起こして剃るため皮膚の抵抗が強く肌への負担が大きい剃り方なので、絶対に力を入れないこと。

STEP5：シェービング剤をキレイに洗い流す

洗い残しがあると、かゆみや肌荒れの原因に。

＼逆剃り／

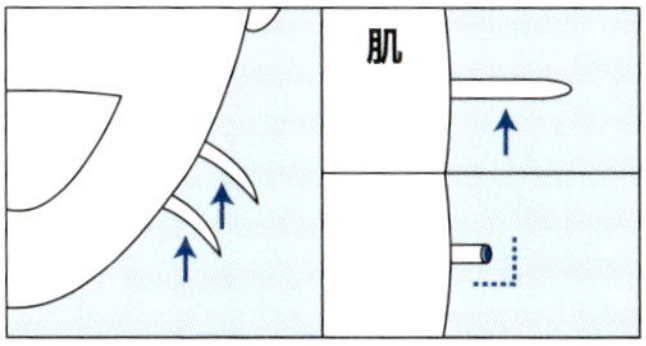

毛を起こして剃るので肌の負担が大きい。剃った毛の断面は直角で小さいので見た目はキレイに見える。

＼順剃り／

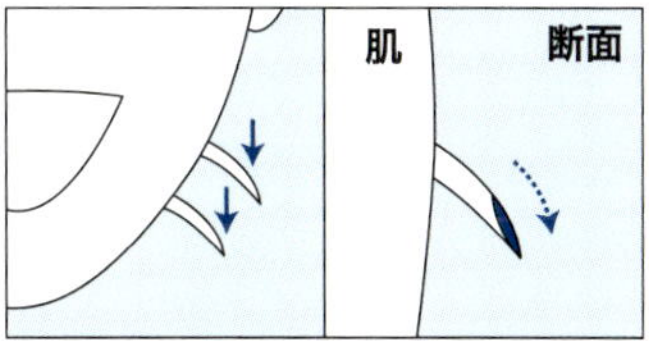

毛流れに剃っているので肌に負担が少ない。剃った毛の断面は広いので剃り残しに見えてしまうことも。

02

シェービング剤なくして、清潔感は生まれない

洗顔料やボディソープの泡でヒゲを剃る人は多いけれど、それは絶対にNGな行為です。カミソリの滑りをよくする点では問題ありませんが、シェービング剤にはヒゲを柔らかくして剃りやすくするという洗顔料にはない効果があります。カミソリ負け予防にも有効で、ヒゲが濃い人は青く残りにくくなるのもメリットです。**シェービング剤を使うか否かでは、清潔感や肌状態のよし悪しが大きく変わる**ので、カミソリ派も電動シェーバー派も必ず使うようにしてください。

シェービング剤には、ジェル、ミルク、オイルなど、さまざまな形状がありますが、僕がおすすめするのは「フォームタイプ」です。いろいろ試した結果、カミソリでのシェービングには最適。なぜなら、濃密な泡がクッションのように肌を保護し、シェー

ビングによる肌への負担を大きく減らしてくれるから。そのためにも、シェービング剤は、泡のキメが細かく弾力性の高いものを選びましょう。

そして、シェービング後は必ず剃り残しがないか、チェックをしましょう！　顔の正面はもちろん、側面やあごの裏側、首筋までくまなく確認してください。ここまで行って、〝シェービング終了〟です。

シェービングは肌の表面を削るような行為に似ていて、目には見えなくても、毎日多くの細かな傷を肌は負っています。シェービング剤の使用は当然ですが、ヒゲを剃った後には必ずアフターシェーブローションを使ってスキンケアをする習慣も身につけてください。

Item P157～158

A B
C D

03

「5枚刃＝刺激が強い」はウソ

シェービングの手段は、T字カミソリと電動シェーバーのふたつに大きく分けられます。ヒゲの硬さが柔らかい〜普通で、すべて剃る人にはどちらも適していますが、部分的に残したり形をつけたり、いわゆるデザイニングをする人には、T字カミソリが向いています。ヒゲが硬い＆濃い人も、T字カミソリが適しています。また、僕がいろいろ試した結果では、正しいやり方で剃れば、電動シェーバーよりT字カミソリのほうが肌への負担は少なめです。敏感肌の人には、T字カミソリでのシェービングをおすすめします。

T字カミソリは、選び方に迷いますよね。今は3枚刃から5枚刃が主流ですが、ヒゲをすべて剃る人に僕がおすすめするのは、**横滑りから肌を守る機能が搭載された5**

枚刃のカミソリです。刃の枚数が増えるほど、肌への負担が大きくなるイメージがありますが、実はその逆。1枚の刃にかかる圧力が分散され、剃り心地がなめらかに。ストローク回数も減り、肌への負担が減ります。3枚刃と比べると値段もやや高めですが、カミソリにおいては〝いいモノを使えば、肌にやさしい〟は確かです。その一方、刃の枚数が増えるほど、T字カミソリは小回りが利かなくなります。デザイニングをするなら、ヘッドが小さい3枚刃のものがベストです。

そして、シェービングの手段や刃の枚数にかかわらず、大切なのは**絶対に力を入れて剃らないこと**。肌にぐっと押し当てて剃ると、高い確率でカミソリ負けを起こします。「そうしないと深く剃れない」という人は、定期的に刃の交換をしていないか（刃の寿命は平均2週間）、数年前から同じ種類のシェービングアイテムを使っているのかも。カミソリや電気シェーバーの進化は、本当に早い！　ドラッグストアや家電量販店で、最新のものをチェックしてみてください。

Item P158～159

E　F　G

04

男の美容の頑張りどころは、「洗顔」にあり

汚れを落とすというシンプルな行為ですが、「洗顔」を正しく行うだけでも肌はかなりキレイになります。特に、男性の肌は女性に比べ、基本的に皮脂の分泌量が多くてベタつきがち。洗顔をおざなりにすると、肌表面に残った余分な皮脂がテカリや毛穴の目立ち、吹き出物などを引き起こします。**1日1回は、必ず洗顔料を使って顔を洗いましょう**。そして、体と一緒にボディソープで顔を洗うのはもうやめましょう。

正しい洗顔にあたって、まず用意してほしいのが「洗顔料」と、できれば「泡立てネット」。洗顔料はきめ細かく泡立てることで、泡一粒ずつの表面に汚れが吸着され、余分な皮脂や毛穴に詰まった汚れが落ちやすくなります。泡立てネットは僕も使っていますが、10秒もあればモコモコの泡が誰でも簡単に作れる優れモノ。泡のモコモコ

はとても気持ちがいいし、ドラッグストアや１００円均一ショップで簡単に手に入るので、ぜひ使ってみてください。

洗顔料は男性用をつかうのをおすすめしますが、女性用のものを使っても大丈夫です。奥さんや家族と共有してもＯＫ。ヒゲ剃りでいつも刃を当てている男性の肌には低刺激性のものがベターです。

それでは、次頁で正しい洗顔の方法をお話しします。

Item P159

H　I

正しい洗顔の方法

STEP1：泡立てた洗顔料を肌にのせる

↓湿らせた手のひらに洗顔料をとったら、少しずつぬるま湯を加えながら混ぜ合わせ、手のひらに卵2個分ほどの泡を作ります。泡立てネットを使うと数秒でキメ細かい弾力泡が作れるように。

STEP2：手のひらと顔の肌が触れないように優しく洗う

↓両手のひらに泡をたっぷりのせたら、肌を優しくなでるように洗います。このとき、手のひらや指と顔の肌が直接触れないようにするのがコツ。摩擦が起きて、乾燥や老化といった肌トラブルが起きやすくなります。ベタつきが気になっても、ゴシゴシ洗いは厳禁です。

STEP3：ぬるま湯でしっかりすすぐ

→熱いお湯ですすぐと、必要な皮脂まで流されて肌が乾燥してしまいます。「ちょっとぬるい」くらいの温度で、20～30回はすすいでください。洗顔料のすすぎ残しも、肌トラブルの原因に。最後に鏡を見て、髪の生え際や小鼻の脇、フェイスラインの裏側に泡が残っていないか、チェックしましょう。

朝起きて顔の油浮きが気になる方は、朝の洗顔を行った方がいいですが、40代に入った僕は、夜に洗顔をし、朝はぬるま湯ですすぐだけ。シェービング後に洗顔を行う場合、シェービング剤をつけた部分には洗顔料をつけないのも、僕のこだわりです。シェービング後の肌は敏感に傾いた状態であり皮脂も足りていません。洗顔料を使うと必要な皮脂まで落ちすぎてカミソリ負けや乾燥を招く可能性があるからです。

05 男のスキンケアは〝2ステップ〟でOK

シェービング後の肌はカミソリによってダメージを受け、かなりデリケートな状態。野放しにしていては、粉をふくほどの乾燥や、吹き出物が起きるのも当然です。

また、何度も言うようですが、男性の肌はもともと水分量が少ないため、スキンケアである程度潤いを補わないと、肌のハリや弾力が低下して実年齢よりも年上に見られることも。肌が乾燥する人はもちろん、テカリやベタつきがちな人も例外ではありません。**乾燥した肌はこれ以上水分を失わないように、皮脂を過剰に分泌します。水分や保湿の潤い不足が、ベタつきの原因になっている**こともあるんです。

そういう僕ですが、普段はミスト化粧水とオイルしか使っていません。時間があるときは、オイルをつける前に美容液を足すこともありますが、基本的には洗顔後の肌に朝晩、ミスト化粧水をつけ、そのあとにオイル1~2滴分を顔全体へなじませるだけ。数十秒で終わります。化粧水から美容液まで一緒になっているオールインワンタイプを1本常備するのも手かもしれません。これくらい簡単な手入れなら、スキンケアが初めての男性でも取り入れやすいはずです。

ミスト化粧水はきめ細かい霧に肌がふわっと包まれる感覚が気持ち良くて自然と毎日使いたくなるし、オイルは肌なじみのいいアイテム。つけすぎなければベタつかず、肌の水分量を保つ機能も優秀です。

スキンケアは、毎日の積み重ねが大切。面倒になってイヤになってしまうほどのことはしなくていいけれど、水分を補い、油分で潤いが逃げないようにフタをするという最低限のお手入れは、身だしなみとして続けるべきだと思います。

Item P160～161
J K
L M
N O

06

日焼け肌こそ、スキンケアが必須

「日焼け肌」には賛否両論ありますが、男性は少しくらい日焼けをしたほうが引き締まって精悍に見えるので、賛成派です。なので、僕自身も日常生活はもちろん、屋外での仕事のときも日焼け止めを塗っていません。

けれども、山や海、リゾート地では、紫外線防護効果を示すSPF値が低い日焼け止め（10～20程度のもの）を塗るようにしています。ある程度肌を守りながら日焼けをしたほうが、よりキレイに焼きあがるからです。日焼け後は、肌が乾燥したりシワっぽくなりやすいのですが、そのリスクも軽減できます。

塗るタイプの日焼け止めがベタつくからと苦手な人には、スプレータイプがおすすめ。髪や頭皮に使えるものが多いのもポイント。紫外線は、髪や頭皮にも相当なダメージを与えています。薄毛や抜け毛が気になるなら、髪と頭皮にも日焼け止めスプレーを絶対につけてください。また、日焼けをしたら、髪色は「黒」が鉄則。明るい髪色にすると、軽薄な印象を与えてしまいます。

そして大事なのは、**日焼けを楽しむならアフターケアも必ず行う**こと。

僕は普段、ミスト化粧水とオイルだけでスキンケアを終えていますが、日焼けをした日には肌のほてりや炎症を鎮める「クーリングジェル」も使うようにしています。

紫外線は、肌を黒くしたり、シミ・ソバカスの原因になるだけではありません。肌の奥深くまで到達し、ハリや弾力を支える組織にも深いダメージを与えるんです。日焼けをするほど、シワやたるみといった年齢サインが早期に現れやすくなることが最新の皮膚科学でも認められていて、肌の老化の約8割は紫外線ダメージが原因しているといわれています。大人の男なら、そんなリスクも知りながら日焼けを楽しみたいですよね。

Item P162

P

07 適切なヒゲのたしなみは、男の七難を隠す

ヒゲを味方につけると、男性は実年齢よりも若く見られたり、顔がひとまわり小さく見えたり、精悍さが増したり、いいことたくさん！　僕自身も鼻の下とあごのラインにヒゲを生やしていますが、黒のフレーム効果で輪郭や顔立ちがぐっと引き締まって見えるので、とても助かっています。仕事によっては難しい方もいらっしゃると思いますが、ヒゲのデザイニングには可能な限りトライしてもらいたい。

けれども、ヒゲのデザイニングは、ちょっと間違えると逆に印象がダウンするので注意が必要。**清潔感を保てるヒゲの長さは5㎜**まで。それ以上長くしたり、ボサボサに生やしっぱなしにすると、雑菌も繁殖しやすくなります。洗顔料のすすぎ残しによる肌あれも起きやすく、見た目はもちろん、衛生的にも問題が出てきます。また、ヒ

ゲをたしなむなら、ミリ単位でヒゲをカットできる電動トリマーもマスト。きちんと整えつつ、生やすのが大人のヒゲのマナーだからです。それでもヒゲの部分の肌が赤くなっていたら、それは肌あれのサイン。一度剃り落として、肌を整えることが先決に。

そして、**ヒゲのデザイン選びは、〝似合う〟が一番大切。しかし、コンプレックスがあるなら、それを解消できるデザインにするのもひとつの手です**。例えば、顔の大きさに悩んでいるなら、もみあげの太さであご全体を囲むようにヒゲを生やせば小さく見えるし、頬のたるみが気になるなら、口角よりも上の位置で口ヒゲを生やすと目立たなくなります。ヒゲが薄い人は無理にデザインせず、長さを整えつつ不精ヒゲっぽくするとカッコよく見えますよ。

ヒゲの定番スタイルについては次のページで詳しく説明します。

Item P162

Q

＜あご下のヒゲ＞

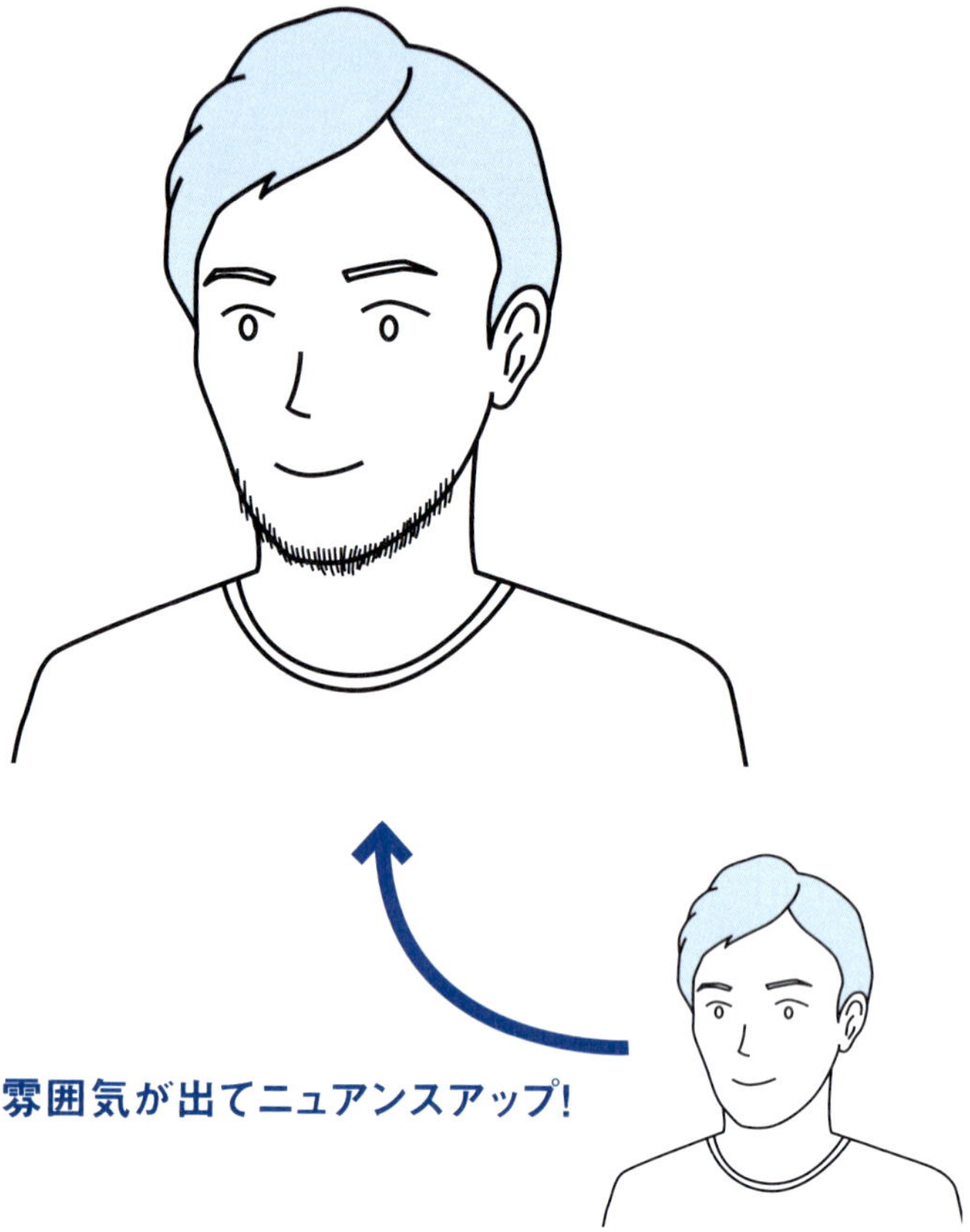

ヒゲのデザイニング初心者におすすめ。あご下だけを3mm ～ 5mmの長さに整えるだけで比較的手入れが楽にできる。童顔の人が大人っぽくしたい時にも。

＜口元上下のヒゲ＞

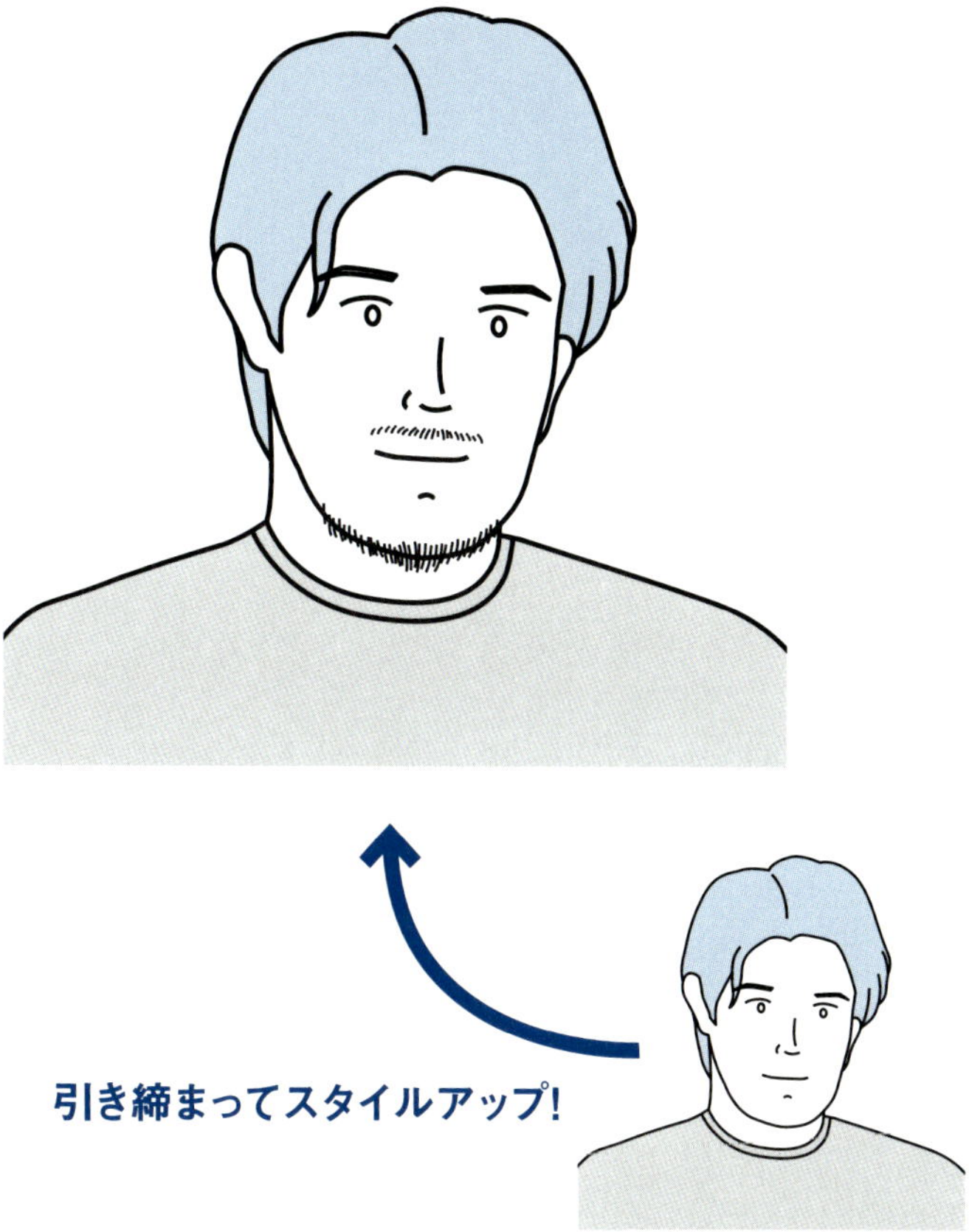

口の上とあご部分を生やしたスタイル。左右の口角の上を少し剃り落して、直線的にするのがポイント。もみあげが短くヒゲが薄い人におすすめ。

＜もみあげからつなげるヒゲ＞

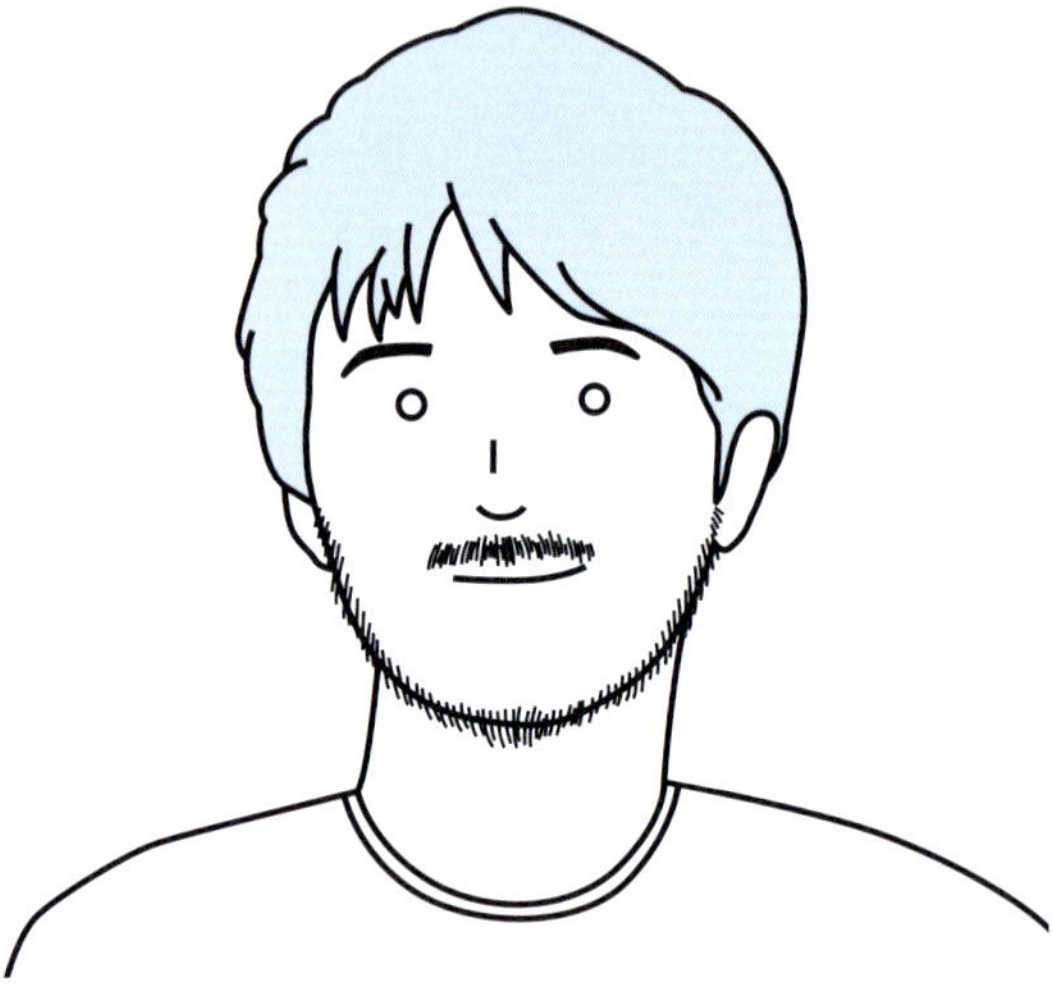

顔の大きさをカムフラージュして
小顔効果!

ヒゲを3、4日生やして、電動トリマーなどで3mm～5mm程度の長さに整えましょう。顔のアウトラインができて、一番小顔にみえます。

＜口元上下つながりのヒゲ＞

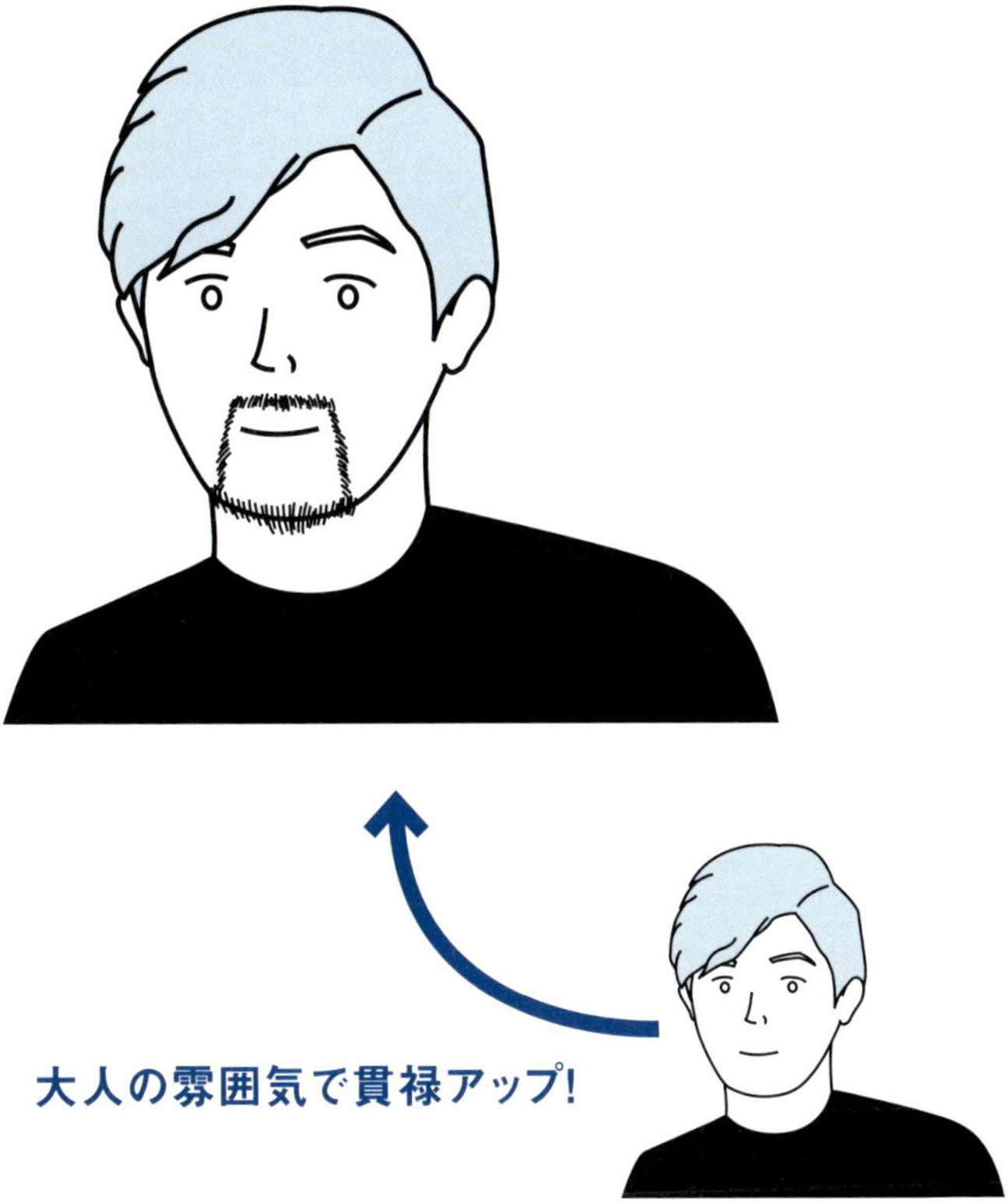

口上のヒゲとあごのヒゲをつなげた形。全体が同じくらいの長さ濃さになるように調整します。特に口とあごを結ぶラインがきれいになるよう整えましょう。顔の印象が薄い方など、威厳が出ます。

08

精悍さアップの秘策は「ＢＢクリーム」

正しいヒゲの剃り方やスキンケアをすでに行っている人は、「ＢＢクリーム」を使ってフレッシュな男らしさを得てみませんか？

ＢＢクリームとは、肌の色ムラや凹凸を自然にカバーして、明るい印象へ導く、ベージュ色の顔用クリームです。女性にはすでになじみ深い化粧品で、ファンデーションに似た役割を果たします。

しかもＢＢクリームには、化粧水や乳液を使った後の美容液的なトリートメント効果もあります。そのため、洗顔後の肌に直接塗ってもＯＫ。シェービング後の肌へアフターケアなしで直接使えます。**スキンケアの手間が省けて朝の時間が有効活用できるうえ、肌がキレイに見えるという優れモノ**なんですよ。ボディクリームをつけるくらいの気持ちで使ってみましょう。男性用のＢＢクリームもすでに発売されていて、売れているそうです。今後は男性にとってつけるのが当たり前になる時代がくるのかもしれませんね。

ただし、ＢＢクリームは、塗っているのがバレバレでは残念！　**失敗しないためには、“色選び”と“使う量”がポイント**になります。色は、自身の肌と同じ明るさか、ワントーン暗いものを選びましょう。使う量は小豆粒を目安にし、厚塗りになるのを防ぎます。両頬、額、鼻の頭、あごの5点へ指で均等に分けて置いてから、すみずみまで広げるとムラなくのびて自然な仕上がりに。慣れれば10秒以内で完了しますが、面倒な場合は適量のＢＢクリームを両手のひらへのばし、顔全体へさーっと塗ってもいい。使い始めは失敗することもあるので、仕事を終えて外出する予定がない夜に、試しに塗ってみるのもアリです。

女性用のＢＢクリームには肌を白っぽく艶やかに見せるものが多く、男性が使うと塗っているのがバレます。必ず男性用のＢＢクリームを使うようにしましょう。

Item P162～163

R　S

09

社会的評価を覆す!? 侮れない「眉」の存在

みなさんは、「眉」を整えていますか？　眉には、目元の印象を引き締める効果があります。「口ほどにモノをいう」といわれる〝目元〟に、意志の強さや正義感、頼りがいなど、ポジティブな印象を与えてくれるのです。**顔つきの精悍さが断然異なるので、社会人男性ならある程度は整えるべき**です。

まずは、眉のタイプ別に、周囲へ与えるイメージから確認しましょう。心当たりがある方は、眉を直すだけで第一印象が変わり、仕事にも好影響が生まれるはずです。

ひとつめは、眉がもともと薄い人、または短い人（マロ眉）は、印象が薄く頼りなく見られがち。顔の余白が多いことで、実際より顔が大きく見えていることもあります。

ふたつめは、もともと眉が細い人、または過去に眉を抜き過ぎて細くなっているタイプ。自然さに欠けていて冷たいイメージがあり、女性や後輩からは〝コワイ人〟と思われているかもしれません。

最後は、眉が太くてつながっているタイプ。代表例は、漫画『こち亀』の両津勘吉さん。男らしさはありますが、あか抜けない感じですよね。

では、社会人男性はどんな眉を目指すべきでしょうか？　時代によって多少は変わりますが、今は**〝比較的ストレートな太い眉〟が理想です**（74ページで解説しています）。眉が薄い人、短い人（マロ眉）、細い人は、書き足す必要がありますが、使うのは基本的にグレーの眉ペンシル。毛流れを整えるスクリューブラシ付きのものが便利です。

「男性が眉ペンシル？」と思う方もいるかもしれませんが、簡単に印象を変えるツールとしてぜひ試してみてください。

Item P163

T U

10

社会人男性の理想の眉

理想の眉の形

・眉頭の太さは１㎝前後
・眉山に向かってアーチ状に少しだけ上がる
・眉頭から眉山の太さがほぼ同じ
・眉間がつながっていない
・まぶたにムダな眉毛が生えていない

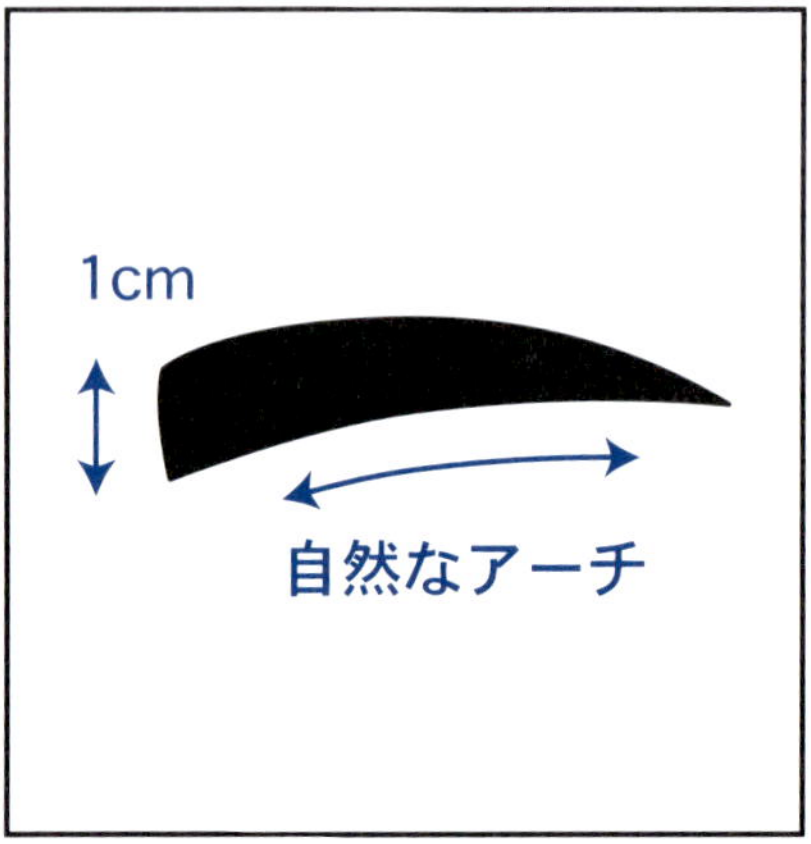

理想の眉の長さ

口角（上下の唇が合わさる角）と目尻を直線で結んだ延長線上に眉尻を設定するのがベスト。

割り箸や定規を使い、口角（上下の唇が合わさる角）と目尻を一直線に結ぶ。眉尻の位置は、その延長線上に設定。チェックしたら、眉ペンシルなどでマーキングしておくと、眉の処理がしやすくなる。マーキングした位置から大きくはみ出した眉毛はカットし、短い場合は眉ペンシルで描いて補う作業へ。

次のページからは、眉のタイプ別に理想の眉へ近づくテクニックを解説します。

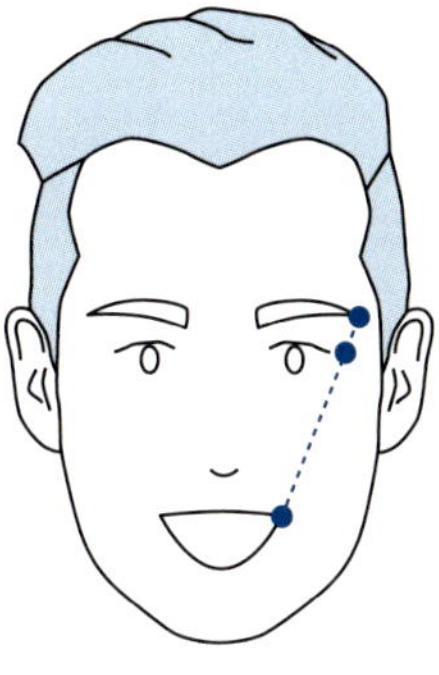

11 眉のタイプ別攻略法Part1　マロ眉

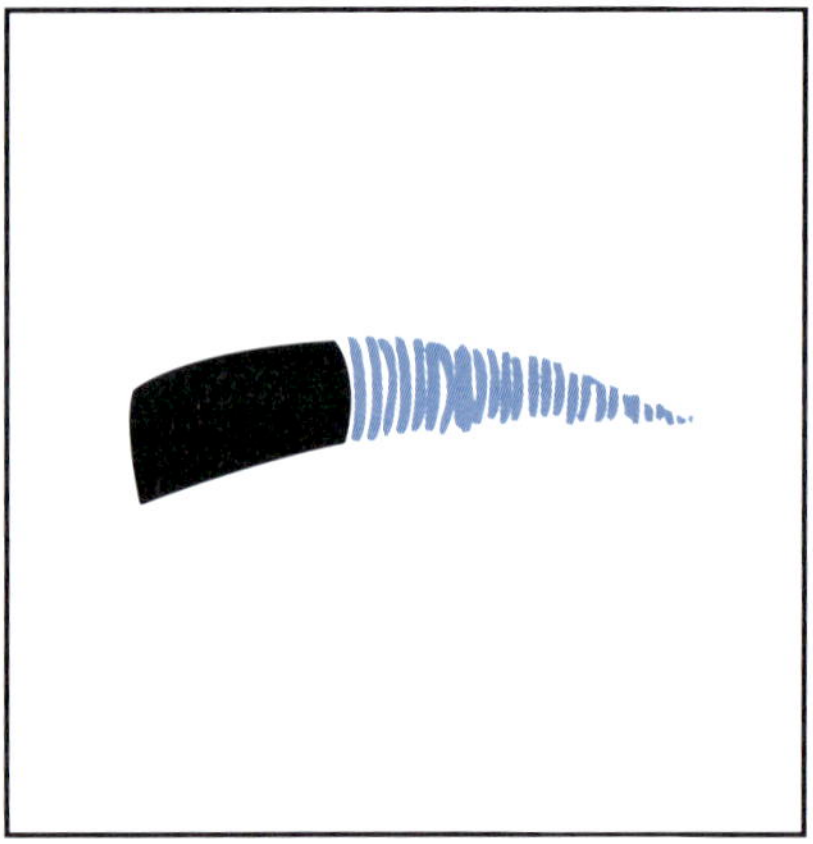

マロ眉とは、眉尻の位置が目尻よりも内側にある、短い眉のこと。毛量も比較的少ない人が多く、頼りない印象を与えがちです。用意すべきは、太めの眉ペンシル。色は、グレーがベストです。

STEP1：スクリューブラシを使い、まずは毛並みを整える。眉頭は上へ、中間〜眉尻は横へ滑らせるようにスクリューブラシを動かし、眉を梳《と》かす。

STEP2：眉ペンシルを眉頭にあて、眉尻まで1本ずつ線を描いていく。眉頭〜中間は下から上へ、中間〜眉尻は上から斜め下へ眉ペンシルを走らせ、毛流れに沿った線を描くことが自然に見せる極意。

STEP3：1と同じようにスクリューブラシを使って眉を梳かし、線を適度にぼかして自然に落とし込む。スクリューブラシを眉に強くあてて梳かすと、ぼけすぎて凛々しさにかける仕上がりになるので注意。肌にそっと触れる程度にあて、力を抜いて梳かすこと。

12

眉のタイプ別攻略法Part2　薄い眉

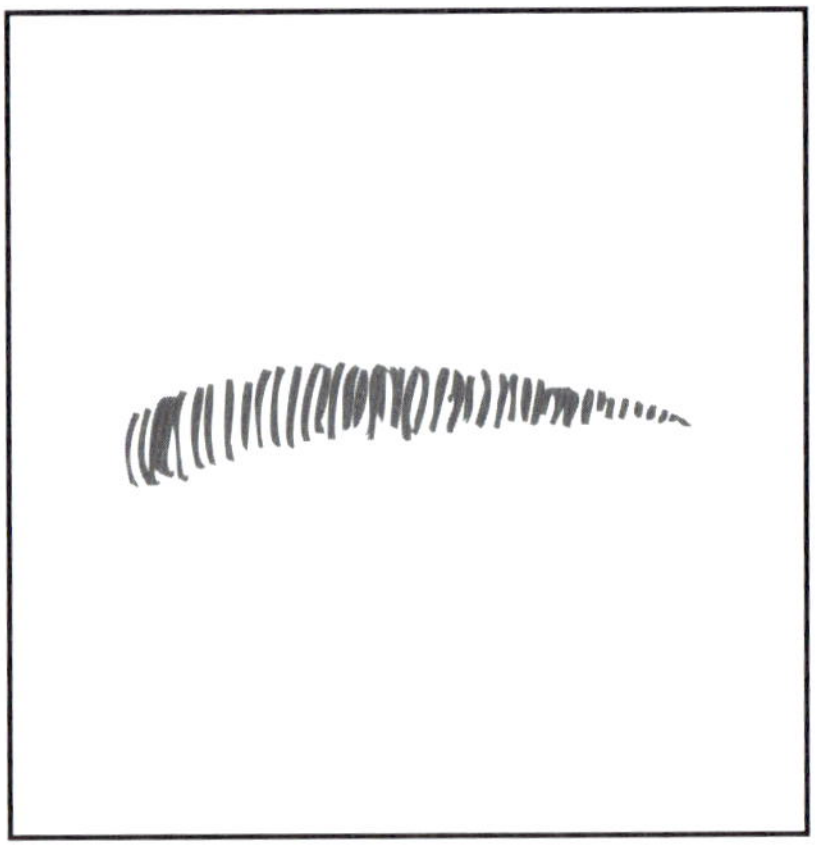

全体的に毛が少ないorまばらに生えている眉のことで、4タイプの中でもいちばん、眼差しに説得力が欠けがちです。使うアイテムは、やや太めのグレーの眉ペンシル。慣れてきたら、筆ペンタイプのリキッドアイブロウに変え、眉パウダーを重ねると、より自然な仕上がりに。

STEP1：75ページを参考に、眉尻の位置を確認する。確認したら、眉ペンシル（or筆ペンタイプ）で、その位置をマーキングしておく。

STEP2：眉ペンシル（or筆ペンタイプのリキッドアイブロウ）を眉頭の底辺へ置き、眉頭の太さが約１㎝になるよう斜め上に向かって１本の線を引く。これを眉山（目安は、黒目の外側の位置）まで繰り返す。

STEP3：黒目の外側～眉尻は、上から下へ眉ペンシル（or筆ペンタイプのリキッドアイブロウ）を走らせ、１本ずつ線を引く。

STEP4：眉ペンシルで描いた場合はスクリューブラシを使って、眉頭から中間は下から上へ、それ以降は上から下に向かって優しく梳かし、適度にぼかす。筆ペンタイプのリキッドアイブロウを使った場合は、眉パウダーを重ねてなじませる。

13

眉のタイプ別攻略法Part3　細い眉

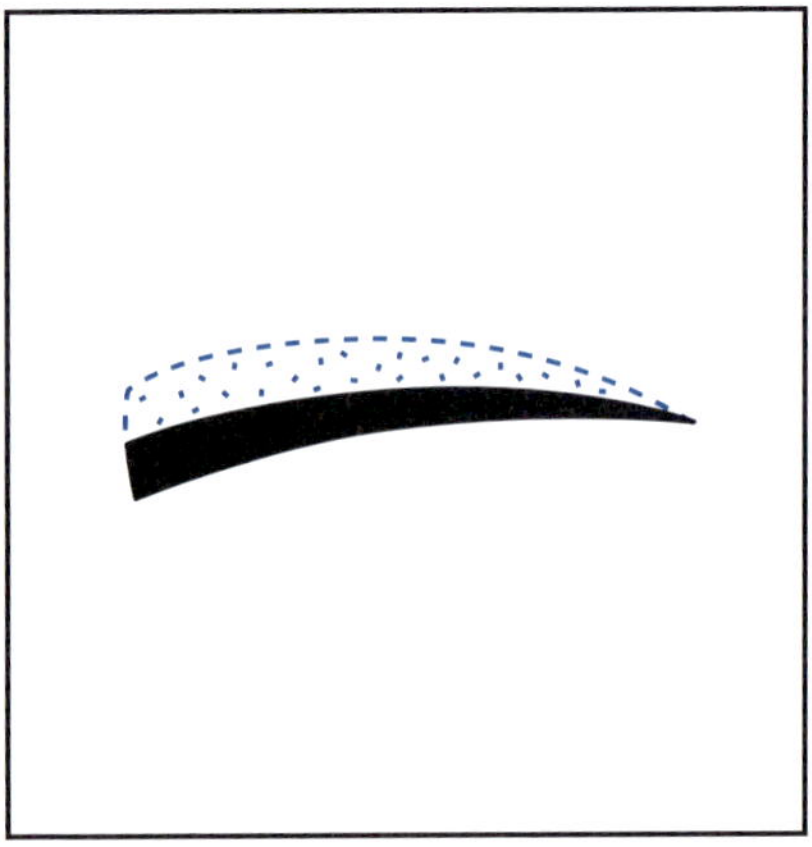

もともと薄い人のほか、過去に眉を頻繁に剃ったり抜いたりして細くした経験があり、その名残がまだある眉を指します。過去にいじった経験がなくても、眉頭の太さが1㎝未満なら該当します。用意するのは、やや太めのグレーの眉ペンシルです。

STEP1：細い眉も、長さが足りない場合が多い。まずは75ページを参考に眉尻の位置を確認し、眉ペンシルでマーキングをする。

STEP2：スクリューブラシを使い、眉頭から中間は下から上へ、中間から眉尻は上から下に向かって眉を梳かし、毛流れを整える。

STEP3：眉頭の下に眉ペンシルを置き、眉頭の太さが約１㎝になるよう、下から上に向かって１本の線を引く。眉ペンシルをあてる位置を徐々に後ろへずらしながら、眉の中間まで同様に線を引く。

STEP4：中間から眉尻は、上から下に向かって１本ずつ線を引いていく。眉尻に向かって細くなるように引くのがコツ。

STEP5：２と同じようにスクリューブラシを使って眉を梳かし、線をほどよくぼかしていく。これで、自然な仕上がりの眉が完成。

14

眉のタイプ別攻略法Part4　濃い眉

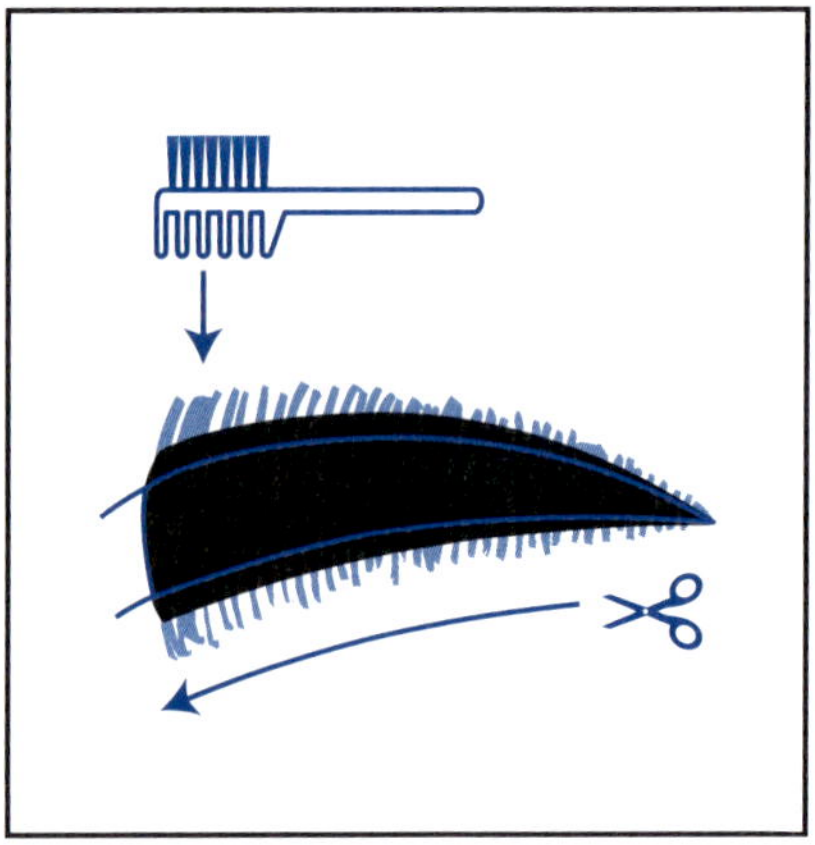

眉全体が太く、フサフサに生えているのが特徴です。毛並みがボサボサで処理をしていないことが目立つため、だらしないといった印象を与えやすいのが難点に。使うのは、眉専用のハサミとシェーバーと眉ブラシ。額や眉間、まぶたに生えたムダ毛もきれいさっぱり剃り落としましょう。

STEP1：まずはガイドラインをとり、カットすべき毛を確認する。眉尻の位置から決めると、失敗しにくい。75ページを参考に眉尻の位置をチェックしたら、眉ペンシルでマーキングをする。

STEP2：眉頭の下から約1㎝上の位置を眉ペンシルでマーキングしたら、上下を線で結ぶ。少しだけ角度をつけながらその太さを眉山（目安は、黒目の外側）まで保った後、1で設定した眉尻へつなげ、理想の眉を縁取る。

STEP3：上から眉ブラシのコームの方を当て、2で縁取ったガイドラインからはみ出した眉を、眉用のハサミとシェーバーを使ってカットしていく。どちらも眉尻から内側へ、毛流れに逆らってカットするとキレイに切れます。眉間や額、まぶたのムダ毛も、眉用シェーバーできちんとカットを。

Item P164
V

15 鼻毛と耳毛の露出は、百害あって一利なし

髪やヒゲとは違って、他人の視界へ絶対に入ってはいけない毛がいくつかあります。そのひとつが「**鼻毛**」です。

空気中のホコリや細菌、花粉など、刺激物の侵入を防ぐ働きが鼻毛にはあり、なくてはならない存在ですが、露出していていいことは絶対にありません。清潔感が著しくダウンするのはもちろん、女性からの評価もガタ落ちです。

女性たちは基本的に男性よりも身長が低く、僕たちを見上げる姿勢をとることが多くなります。男性同士で話すときよりも、鼻毛が目につきやすいことを覚えておきましょう。そして、朝のシェービングのついでに鼻毛が出ていないか毎日チェックする習慣もつけてください。

同様に、「耳毛」も見えないことがベストな毛です。露出すると、一気に老けた印象を与えます。

加齢とともに耳毛がのびる理由は、男性ホルモンの変化と毛髪周期（毛が生え変わる周期）が長くなることが関係しているといわれています。

自分からは見えにくい部分ですが、鏡を2枚使うとチェックできます。**処理には、必ず専用カッターを使いましょう**。鼻毛や眉にも使える電動カッターや、爪切りなどもそろったグルーミングキットもあるので、洗面台に常備することをおすすめします。

1本だけ長い耳毛が生えているなら、毛抜きで抜くのもアリですよ。

Item P164

W

16

男の「唇」は、健康のバロメーター

男性にとって「唇」は、表情に血色感を与えられる唯一のパーツです。血色感とは、その人がもつ生命力や若々しさ、充実感を象徴するバロメーターのようなもの。男性の中には唇のカサつきを放っておく人がいますが、唇の乾燥が悪化すると、色がくすんで血色感も損なわれます。覇気がないと思われたり、不健康や不幸なイメージを与えてしまいます。

だから、明るくキリッとしている印象を与えたい人こそ、リップケアをしましょう！使ったことがない人には、少し抵抗がある行為かもしれません。しかし、今やリップクリームは男性の所持率ナンバーワンの化粧品。男性が塗っている姿を見て違和感を覚える人は少なく、唇に適度なツヤや血色感が必要なことを熟知している女性たちからは、「唇がガサガサしている男性を見ると、リップクリームくらい塗ったらいいのにと思う」と、よく聞きます。
男性が使うリップクリームは、**ツヤ感が控えめのものがおすすめ**です。つけ心地が軽くてベタつかずテカテカしないので、いい意味で塗っているのがバレません。

唇の皮膚は他の部分よりも、かなり薄くできています。顔の肌がどんなにテカる人でも唇からは皮脂が分泌されず、水分を蓄える力も弱めです。顔の中でも特に乾燥しやすいパーツなので、必然的に特別な手入れを要します。
唇の乾燥をそのままにしておくと、血色感の他にも、唇のボリューム感が失われ、早い段階から老けて見られることもあります。これからはスーツのポケットに、リップクリームを忍ばせておくのを習慣に。

Item P164～165
X　Y

見た目COLUMN

男性の「アクセサリー」問題

ヘア＆メイクという仕事柄、僕の仕事現場には女性が多くいます。そんな彼女たちからよく聞くのが、案外「男性がアクセサリーをつけているのは好きではない……」という話です。休日のファッションで堂々とつけてくるのはもちろん、ネクタイを締めたスーツ姿の首元から細いネックレスがチラッと見えただけでもＮＧだそうです。男性的なゴツめのアクセサリーもかなり不評。その理由を聞くと、「知的に見えない」「男性らしくない」という意見が上がってきました。先述したＶネックのＴシャツと同様、ヘンにギラギラして見えるのでしょうね。

僕も普段から、アクセサリーはつけません。つけても、時計と結婚指輪くらい。奥さまやパートナーなど、女性との外出の予定があるときは、アクセサリーを控えたほうが賢明だと思います。

第3章

hair

どんな名画も額縁がイマイチだと、その魅力が半減します。それは、顔を囲む髪にもいえること。毎日の洗髪方法から薄毛対策、整髪料の選び方や最旬の髪型トレンドまで、美容師とヘア&メイクの両方を経験したからこそお伝えできる、ヘア情報をお届けします。

01

シャンプー選びひとつで、翌朝の髪に変化が!?

僕はもともと、ヘアサロンで働く美容師でした。そんな僕が声を大にしてお伝えしたいのは、〝男性のヘアケアはシャンプー選びが肝心〟ということ。

髪が細くて柔らかく、ボリュームが出にくいという悩みをもった友人がいます。そんな彼が、僕がすすめたシャンプーを使ったとき、「すごい！」と連絡をしてきたんです。それも、初めて使った翌日に。スキンケア製品を何度かすすめて贈ったこともあるけれど、そんな反応は初めて。美容に無頓着な彼でさえ実感できたほど、シャンプーは誰にとってもわかりやすく、即効的な手応えが得られるアイテムなんです。

では、具体的にどのようなシャンプーが男性には適しているのでしょうか？　僕の答えは、「**頭皮ケアができるシャンプー**」です。「頭皮ケア」、「地肌ケア」、「スカルプケア」と謳われたものが該当します。社会人の男性は基本的に短髪だし、髪のダメージを気にする必要はありません。それよりも注意すべきは、〝頭皮の毛穴詰まり〟です。これは男女に共通していえることですが、頭皮の皮脂量は、テカリやすい額や鼻周りの約2～3倍といわれています。ただでさえベタつきやすいのに、髪も生えていることから蒸れやすく、汚れもたまりがち。この汚れと皮脂が混ざって毛穴に詰まると、抜け毛や薄毛、ボリュームダウンの原因に。さらには悪いことに雑菌が繁殖し、頭皮が臭うことも……。

頭皮環境が清潔に整うだけで男性は、髪のボリューム、頭皮のベタつき、臭いの心配が軽減されます。ちなみに女性用に多い髪のダメージケアものは、髪質の柔らかい男性が使うとペタっと潰れる可能性があるので、**シャンプーだけは家族と共有せず、自分に合ったものを使ってください**。

02

ゴシゴシ洗いもせっかちも、髪と頭皮にいいことなし

温泉や銭湯などで周りの男性の髪の洗い方を見ると、多くの人が洗い方を間違っています。

シャンプーは毎日の習慣です。間違った洗い方を続けていると、無意識のうちに髪と頭皮にダメージが蓄積し、今後薄毛や抜け毛に悩まされることになります。自分に合うシャンプー選びのついでに、ぜひ洗い方も見直しましょう。その前に、心得ていただきたいことが3つあります。

① 約90%の人が、すすぎが足りていない

頭皮がかゆい人は、すすぎが足りてない可能性大。すすぎは泡が消えればOKではなく、ぬるつきがなくなるまで行うべきステップです。最低でも1分間は行うべき。

特に、あごや耳の裏側、襟足などは、すすぎ残しが多いポイント。泡が残っていないか、チェック。性格がせっかちな人も、すすぎ残ししやすいタイプです。

②　シャンプーの適量は、1プッシュ

シャンプーを大量に使うと、頭皮に負担がかかります。それを防ぐ作業が、シャンプーをつけずに髪を洗う「予洗い」というステップです。これだけでスタイリング剤や頭皮のベタつきの約8割が落ち、シャンプーが少量でもよく泡立つようになります。

③　爪を立ててゴシゴシ洗わない

爪を立てて洗うと頭皮に傷がつき、爪の雑菌からかゆみや抜け毛の原因になるので、絶対にやってはいけません。指の腹を使って洗うのが正解です。

正しいシャンプーの手順

STEP1：予洗いをする

シャンプーをつけずに、1分くらいかけて髪と頭皮をすすぐ。シャワーを頭に浴びながら、力を抜いて指の腹を頭皮にあて、手首をスナップさせるように動かすのがコツ。

STEP2：シャンプーをつける

シャンプーの適量は、1プッシュ分。両手のひらにのばして軽く泡立ててから、頭皮へなじませます。ショートからミディアムヘアなのにシャンプーの泡立ちが悪い人は、予洗いが足りてないのかも。

STEP3：髪と頭皮を洗う

シャンプーを頭皮全体へなじませたら、予洗いと同じように指の腹を頭皮にそっとあて、指ではなく手首をスナップさせるように動かしながらすみずみまで洗います。

STEP4：もみ洗いをする

仕上げに、指の腹で頭皮をつかんでマッサージをするようにもみ込み、毛穴に詰まった汚れをオフ。頭皮のコリもほぐれ、すっきりするはず。その後、最低でも1分間は費やし、ぬるつきがなくなるまできちんとすすぎましょう。

Item P165～166

Z　a
b　c
d

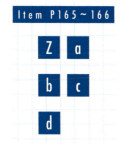

03

薄毛は体質。そう諦めるのは、まだ早い！

男性の中には、30代で薄毛に悩んでいる人もいれば、60歳になってもフサフサな人がいます。この違いは主に、男性ホルモンを変質させる体内の酵素にあります。「テストステロン」という男性ホルモンの一種が、酵素によって脱毛を促す悪い酵素へ変わってしまうんです。その影響の受けやすさに個人差があるため、年齢にかかわらず毛髪の状態に差が生まれるのです。しかし、僕は「薄毛＝体質」と思い込んで、簡単に諦める必要はないと思っています。

僕の知り合いに、20代後半で頭頂部が薄くなって悩んでいた男性にアドバイスをしたところ、それから彼は一大奮起し、毎日の頭皮ケアはもちろん、生活習慣も変えていきました。すると、3ヵ月後には髪にコシが生まれ、約1年後には見た目の毛量が変わり、薄毛というイメージはもうなくなりました。彼自身も「ヘアスタイルが楽しめるようになり、性格が明るくなった」と話していましたよ。ちなみに、彼が行った主な薄毛対策は以下になります。

●シャンプーの時は頭皮マッサージを日課とする
●育毛剤を使う…発毛効果が認められている医薬品成分「ミノキシジル」配合の育毛剤を使う
●食事を見直す…塩分、糖分、脂肪分、刺激物、アルコールなど、皮脂の過剰分泌を促す成分の摂り過ぎに気をつける
●サプリメントをとる…マルチビタミン＆ミネラルのサプリメントをとる
●睡眠を確保する…1日7時間は寝るようにする
●タバコはもちろんやめる

このように薄毛は、栄養不足や睡眠不足、ストレスも原因になることが、科学的にも解明されています。イライラや疲れが蓄積すると血流が悪化し、髪を育む毛根まで栄養が届きにくくなります。それに加え、睡眠不足は毛を生やす成長ホルモンの分泌も妨げます。

また、抜け毛予防のためには、育毛剤や発毛剤をつけてから頭皮マッサージを必ず行いましょう。頭皮のコリがほぐれて血行が促されるほか、育毛剤の浸透が良くなり、効果を実感しやすくなります。抜け毛予防のために頭皮環境を整えるなら「育毛剤（医薬部外品）」、発毛目的ならミノキシジルなど発毛成分が配合された「発毛剤（医薬品）」がおすすめです。また、抜け毛予防効果のある「プロペシア」の錠剤を服用するなどもありますが、これは医師に相談の上、行ってください。

Item P167

e f g

04
簡単&気持ちいい！
頭皮を動かすマッサージ術

頭皮のコリをとり、
血行をよくするマッサージ

大切なのは、頭皮をきちんと動かすこと。1～5を1セットとし、徐々に位置をずらしながら合計3セット。薄毛が気になる部分もお忘れなく。

1）両手の指の腹を側頭部にあてる。爪をあてるのはNG。

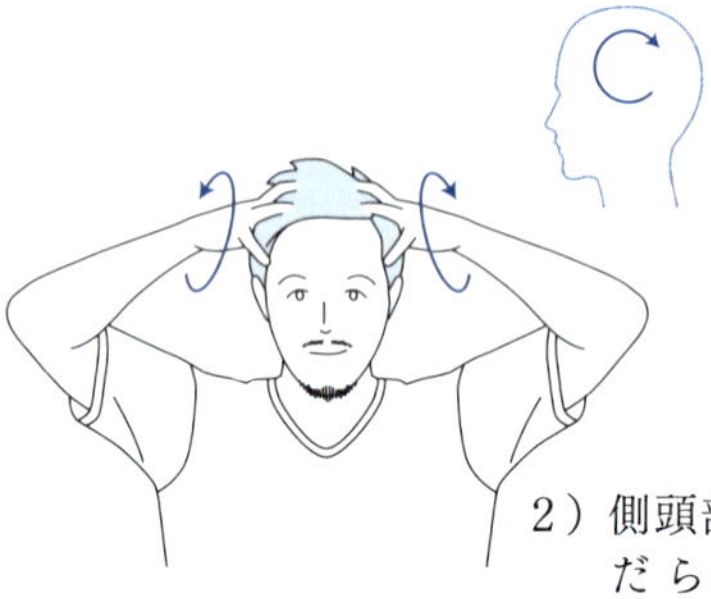

2）側頭部をつかんだら、頭皮をグッと持ち上げ、そのまま後ろへ回転させる。これを5回繰り返す。

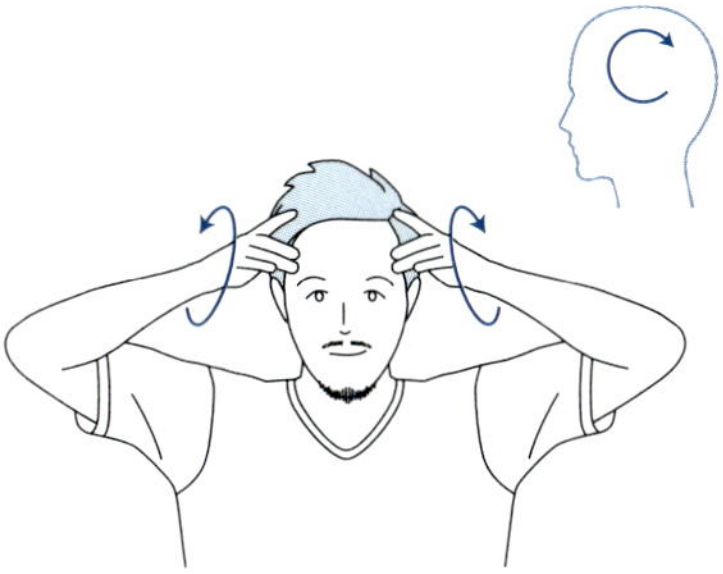

3）人差し指と中指の腹を額の角（剃り込み部分）にあて、頭皮をグッと持ち上げ、そのまま後ろへ回転させる。これを5回繰り返す。

4）手のひら全体をこめかみにあてる。

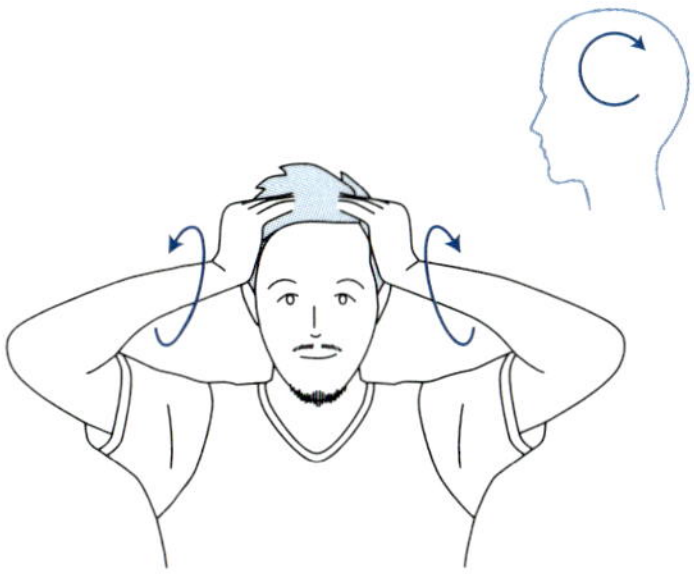

5）力を入れて前から後ろへゆっくり回転させて頭皮を動かす。指には力をいれないのがポイント。これを5回繰り返す。

05 今すぐできる薄毛カムフラ術、教えます

頭頂部が薄くなったりM字後退など、薄毛にもいくつか種類がありますが、**すべてに効果的なカムフラージュする方法は、カラーリング**です。髪色を明るくすると肌色とのコントラストが弱まり、薄毛がカムフラージュされます。黒髪からブラウン系に変えるだけでも、かなり変わるので、働く環境が許されるならぜひ試してください。デメリットは、少なからず髪と頭皮に負担がかかること。カラーリングは月1回までにし、理髪店や美容室でプロの手を借りてください。市販のカラーリング剤も悪くはないけれど、仕上がり効果を考えるとプロに委ねたいところです。

仕事柄、カラーリングが難しい人には、カットによるカバー方法があります。

M字後退の人は、もみあげ部分を短く刈り込んで肌感を見せると、目立ちにくくな

ります。後頭部が薄い人には、こめかみからサイドを短くしたスタイルが合います。頭頂部と他の部分との肌の透け感に差をつけないことが、頭頂部の薄さをカバーするコツです。薄毛の周辺の髪をのばして覆う方法もありますが、どうしても不自然になりがち。ヘンに隠さず、自然になじませて目立たなくするのが今の時代には合っているといえます。

髪が柔らかくて全体的にボリュームが出にくい人には、スタイリングによるカバー方法が合っています。用意すべきは、ハリ感が加わるフォーム（ムース）とドライヤー。水分が少なくてキープ力が高く、ふんわり感を保ちやすいのがフォームの特徴です。ワックスは油分が多くて重く、潰れやすいアイテム。薄毛のカバーには不向きです。

Item P168

h　i　j

薄毛のカムフラ方法

額のM字後退カバースタイル

肌色がうっすら見えるくらい、こめかみからもみあげあたりを短くカットするのがポイント。ショートレイヤーやオールバック、モヒカンなど、全体的に短いスタイルが似合います。電動トリマーを使い、もみあげの短さを保つのもコツです。

頭頂部の薄毛カバースタイル

サイドを短くカットして地肌を透けさせると、頭頂部の薄さが目立ちにくくなります。襟足も短くし、すっきりバランスよくまとめることをおすすめします。

カラーリングによるカバー方法

髪色を明るくすることで、肌色とのコントラストを弱めると薄さが目立ちにくくなります。どんな種類の薄毛にも効果的。

スタイリングによるカバー方法

STEP1：スタイリングは朝に行いましょう。髪を全体的に湿らせてからハリ感が加わるムースをなじませます。

STEP2：ボリュームアップのコツは、毛流れに逆らうように乾かすこと。まずは、正面からドライヤーをあてて前髪の根元を起こすように乾かします。

STEP3：頭頂部も含め、つむじ～襟足は、頭を下げて後ろからドライヤーをあてて乾かします。根元中心に風をあてるとよりふっくらし、もちのよさも変わってきます。

06

若々しさを追求するなら、白髪は染めましょう

ロマンスグレーに染まった髪色って、素敵ですよね。ダンディで憧れます。けれども、年齢がまだ20~30代と若かったり、実年齢よりも若々しく見られたい人は、やっぱり白髪は黒く染めたほうがいいでしょう。

僕がおすすめする、白髪のカラーリング方法はふたつあります。それぞれメリットとデメリットがあるので、自分に合う手段を見つけてください。薄毛にも悩んでいるなら、必ず理容室や美容室でカラーリングしてもらいましょう。髪と頭皮にかかるダメージが軽減されます。

白髪染め1：酸化染毛剤

髪の表面にはキューティクルという髪の内部をダメージから守るウロコ状の層があります。この層を酸化させて開き、髪内部へ染料を入れるのが、酸化染毛剤の特徴です。髪の芯までしっかり染まり、1〜2カ月は退色しにくいというメリットはありますが、髪と頭皮へのダメージは少なからず避けられません。

白髪染め2：ヘアマニキュア

髪の表面を染料でコーティングしてカラーリングする方法。髪内部へ染料を浸透させない分、ダメージが少なく、頭皮がデリケートな人にもおすすめです。さらには、髪にツヤやコシが加わるといったメリットもありますが、退色しやすいのがマイナスポイント。こまめにカラーリングする必要があります。

07

デキる男は「耳まわり」と「襟足」が違う

耳まわりと襟足を整えるだけで、男性は倍以上凛々《りり》しく見えます。特に、仕事でスーツを着用する人は、その効果がテキメンです。その証拠に、まずはさりげなく周りを見渡してみてください。襟足の髪がスーツにかかって浮いている男性は、ちょっと頼りなかったり、だらしなく見えませんか？　耳まわりも同様です。耳上の髪がのびて耳にかかっていたり、もみあげがモサモサしている男性には、弱々しさや不精な印象をもちます。

そのためにも、理容室や美容室では、**襟足の位置が高く見えるようにカット**してもらいましょう。毛で襟足が埋まらないのがポイント。ご自身でも襟足を定期的にチェックしましょう。

耳まわりやもみあげは、のびたことが目立ちやすい部分です。また自分でできる方は数ミリ単位で調整できる電動トリマーを購入し、セルフカットをするとヘアサロンへこまめに行く手間が省けます。

襟足のポイント

スーツやワイシャツの襟から、指を横にして1~2本分高い位置に襟足がくるのがベスト。同時に、うなじのムダ毛も剃ってもらうと、スマートな印象に。ちなみに、襟足の位置が高いスタイルは、絶壁カバーにも効果的。頭の形が良く見え、カッコよさがアップします。

耳まわりのポイント

耳まわりを短くカットし、耳をすっきり露出させてください。もみあげも含め、肌色が薄く透けて見える程度の長さを保つことが第一印象アップにつながります。ちなみに、耳まわりが短いスタイルは、M字後退や頭頂部など薄毛カバーにも有効です。

08

理容室と美容室は、好みの髪型別に使い分ける

みなさんは、理容室（床屋）と美容室のどちらに通っていますか？

理容師と美容師の違いは、単に顔の産毛を剃るか剃らないかだけではないんです。それぞれ得意とする技術が違うので、**なりたい髪型に合わせて両者を使い分けることが賢い選択**だと思います。

理容師と美容師では国家資格が異なり、主に使うハサミの種類が異なります。基本理容師は美容師が使うハサミより長めのハサミを使うことが多く、直線的に切りそろえたり、カットの面をビシッと整える技術に長けています。刈り上げスタイルにトライするなら「理容室」に行くべきです。

一方、美容師は、長い髪を切ったり、作業が細かいため短いハサミを使うことが多く、やわらかいニュアンスや動きのあるスタイルを作るのが得意。パーマの種類も豊富で髪型に無造作感やユニセックスな雰囲気を求めるなら「美容室」がおすすめです。

理容室と美容室を使い分けたり、他の店へ試しに行ってみることを多くの男性が、ためらうはず。けれども、ヘアカットにおいては、その得意分野を生かした場所に行くべきです。僕は以前に美容師として働いていましたが、常連のお客さまが急に来なくなったからといって、腹を立てた経験はありません。むしろ、変化を求めるお客さまの気持ちに気づけなかったことに、反省の念と申し訳なさを抱いていました。そして、そのお客さまがまた戻ってきてくれたら、今まで以上に似合う髪型の提案をしなくてはと、気合いが入ります。

09 髪形を変えたら、スタイリング剤も変える

みなさんはいつもどんなスタイリング剤を使っていますか？

男性のヘアセットに使われるスタイリング剤は主に、**「ワックス」「フォーム（ムース）」「ジェル」「グリース（ポマード）」「キープスプレー」**の5つ。

しかし、街中を観察していても、僕の友人男性の話を聞いても、スタイリング剤の選び方や使い方を間違っている人が本当に多いんです。「もったいない！　もっとカッコよくなれるのに」と思い、お話しさせていただきます。

そもそもスタイリング剤は、美容室（理容室）で作った髪型に動きや質感をつけたり、それをキープするためのもの。髪型が変わったら適したスタイリング剤も変わるはずで、髪質によってもスタイリング剤の向き不向きもあります。また、スタイリング剤にも流行があり、技術も着々と進化しています。

髪形にあったスタイリング剤を変えてみると、セットしやすくなったり、キープ力も高まるので、同じアイテムを使い続けている人は、ぜひ見直してみてください。

それでは、スタイリング剤の種類別に特徴を解説させていただきます。

1：ワックス

ソフトからハードまでセット力が幅広く、質感もウェットからマットまでさまざま。**短髪からロングヘアまで、どんなスタイルにも対応でき、使い勝手はナンバーワン！**

スタイリング初心者でも簡単に使えます。難点は、油分が多いため髪が細くて柔らかい人が使うと、ボリュームが出にくかったり、すぐに潰れてしまうこと。薄毛が気になるなら、避けて正解です。

役割：スタイルに動きと質感をつける。
適したスタイル：オールジャンル

Item P169

k　l　m

2：フォーム（ムース）

泡で出てくるタイプのスタイリング剤。ワックスよりも油分が少ないため軽くてべタつかず、ふんわりとした動きやニュアンスを保てます。**髪のボリュームが出にくい人や薄毛に悩む人には、フォームによるスタイリングがおすすめ**。ソフトタイプからハードタイプまでセット力も幅広くそろっています。ソフトタイプはミディアムヘアからロングヘアに。ハードタイプは束感とツヤ感が出せるので、ショートヘアに適しています。タオルドライ後の湿った髪になじませてからドライヤーをあてると、よりふわっとした動きが作れます。

役割：ソフトタイプ…ふんわり柔らかい動きやニュアンスをつける。
ハードタイプ…毛束とツヤ感を与え、強すぎないエッジを出す。

適したスタイル：ソフトタイプ…ミディアム〜ロングヘア。パーマスタイル。
ハードタイプ…ショートヘア

Item P170

n o p

3：ジェル

ゼリー状のスタイリング剤で、一般的にはチューブ状のパッケージに入っています。**濡れたような質感を与えながらガチッと固めるのが得意で、セット力はダントツ1位！**　刈り上げスタイルやサイドが短い七三ヘアなど、ビシッとキメたい短髪ヘア作りに最適です。トップをツンツンと立てたり、耳周りの髪をタイトにまとめるのにも便利。男らしさや清潔感が高まります。その分、固まった後にクシを通したり、スタイリングをやり直すことはできないので注意しましょう。

役割：髪が動かないようにガッチリ固める。ツヤ感を与える。

適したスタイル：刈り上げスタイル、サイドが短い七三ヘア

Item P171

q　r　s

4：グリース（ポマード）

以前は「ポマード」と呼ばれていて、50代前後の方にはなじみが深いアイテムかもしれませんね。ジェルと同様、こちらもゼリー状のスタイリング剤ですが、ジャー容器に入っているものが多いです。**ジェルよりもセット力が弱く、濡れたような質感を与えつつも柔らかい動きを出せるのがポイント**です。オールバックやツーブロック、ソフトモヒカンといったスタイルを作るときに活躍します。紳士的な雰囲気が加わるので、フォーマル、トラッド、クラシカルなテイストを求める人にもマッチするはず。

役割：柔らかくてなめらかな動きを出す。ツヤ感を与える。

適したスタイル：オールバック、ツーブロック、ソフトモヒカン

Item P172

t u v

５：フィニッシュスプレー

ワックスやフォームなど、他のスタイリング剤で作った動きをキープするために使う仕上げ用のヘアスプレーで、これ１品だけでは基本的に使いません。特に**くずしたくない部分へピンポイントに使うのもＯＫ**。ソフトからハードまで、さまざまなセット力のものがそろっています。セット完了後に手グシを通してもフレーキングしない（白い粉が吹かない）ものや、バリッと固まらないタイプもあるので、ふんわり柔らかい動きやボリューム感を維持したい人はそちらを選んでください。

役割：スタイリングの仕上げに使うことで、スタイルを長持ちさせる。

適したスタイル：オールジャンル

Item P173

W　X

重め前髪ヘア

こんな人にオススメ！

- 毛量が多め
- スタイリングをこまめにする
- 顔が薄い
- 顔が普通〜ヤセ型

NG

■ 丸顔の方

前髪が眉やまぶたにかかるくらい長く、それに合わせて他の部分にもやや長さを残したスタイル。スタイリッシュ感が高まり、スーツを着るのにふさわしい仕上がりに。少年のような幼い印象が引き立ち、毛量もある程度必要。中性的やアーティスティックな雰囲気を求める人にもおすすめ。このスタイルにトライするなら、美容室でも理容室でもOK。

MEMO

動きのあるスタイルだけどパーマは不要。朝、髪を全体的に湿らせたら、ボリュームアップするフォームを均一になじませ、後ろから前へ手ぐしを通しながらドライヤーで乾かす。仕上げに、ツヤ感が控えめのライトハードワックスを根元中心にもみこんでふんわりさせ、指先に残った量を毛先へなじませラフな毛束感をつける。

ミディアムパーマヘア

こんな人にオススメ！

- 柔らかい髪質
- 直毛の方
- やさしい印象になりたい
- 顔の形はオールマイティで似合う

NG

■毛量が多くて、毛が太い

全体的に髪の長さをやや残しつつ、外国人のくせ毛のような柔らかい動きをパーマでつけたスタイル。一番の特長は、アレンジの幅が広いこと。前髪を分けて額を出せば男らしく、前髪を下ろすとソフトな印象になる。さらに、グリースを使って濡れたような質感に。毛量が少ない or ボリュームが出にくい人でも問題無し。逆に、固くてハリ・コシが強い髪質だとボリュームが出すぎてしまうため不向きに。

MEMO

オーダーするなら、美容室へ。パーマの動きを強く出したいときは、朝のスタイリング時に髪を全体的に湿らせ、フォームをつけてから乾かす。毛量が少ない人はその後に、パウダーワックスを髪の根元へなじませるとふんわり感が持続する。少し色っぽい方向にするなら、グリースを全体的に薄くなじませて毛束感を作ること。

七三分け ツーブロックヘア

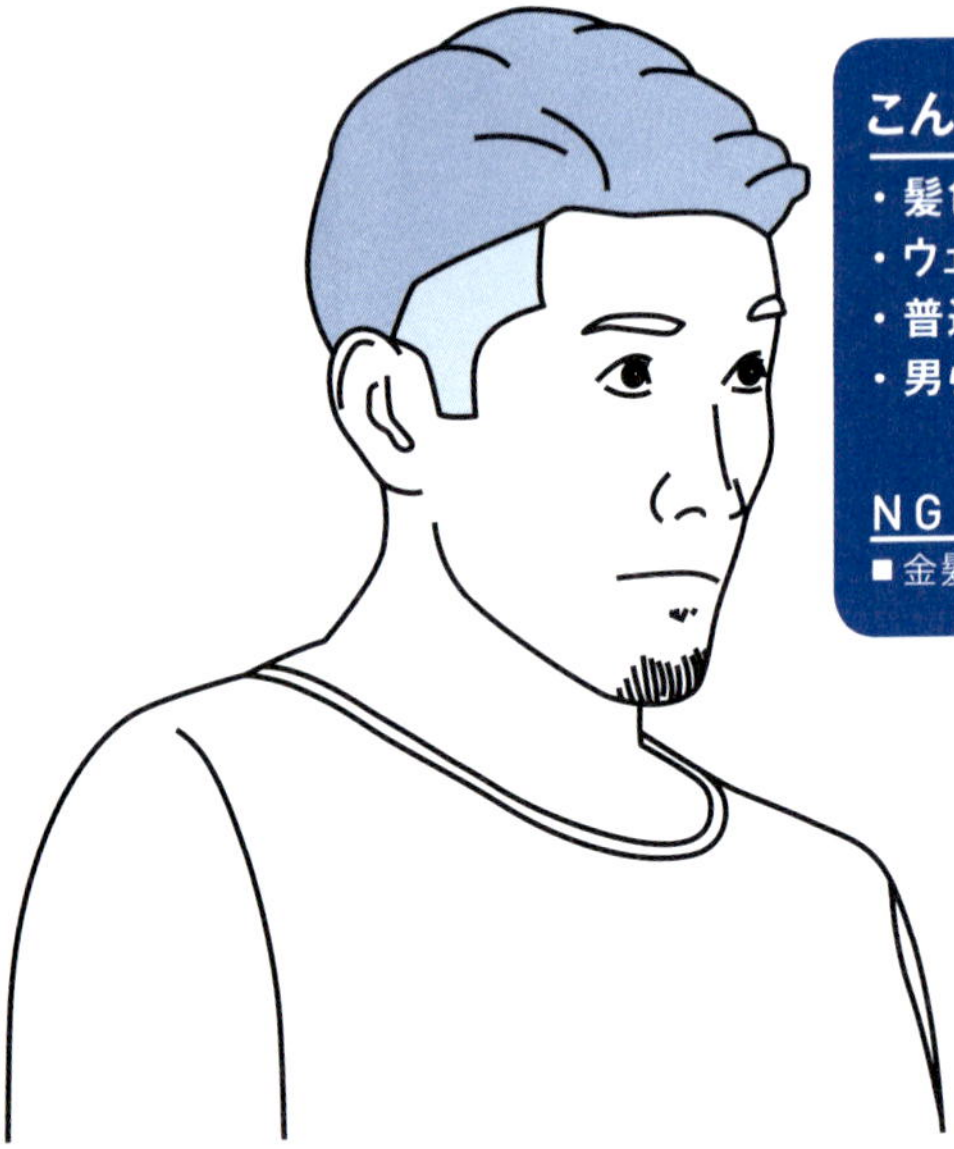

こんな人にオススメ！

- 髪色が黒系
- ウェットな質感が好き
- 普通～直毛の人がおすすめ
- 男らしい印象になりたい

NG

■金髪など明るい髪色

トップに長さを残しながらも、途中から刈り上げたように短くなるスタイル。ポイントは、耳周りを短くすることと、分け目を左右非対称にきっちりとること。少しぽっちゃりとした体型の男性でもスマートな印象に。似合う年齢層も幅広く、M字後退や頭頂部の薄さを隠さずに目立たなくできるのも、この髪型の強み。直線的に切りそろえたカットラインが成功の決め手になるので、理容室でのオーダーがおすすめ。

MEMO

髪に自然な動きや柔らかいニュアンスを残したい人はグリースを、髪型をくずしたくない人はジェルを用意。手のひら全体へ広げた後、手ぐしで髪全体へなじませツヤを与えつつ、7：3の割合に分け目をとる。コームを使って分け目をきっちりとると、よりシャープな印象に。分け目を作らず、オールバックにしてもカッコいい。

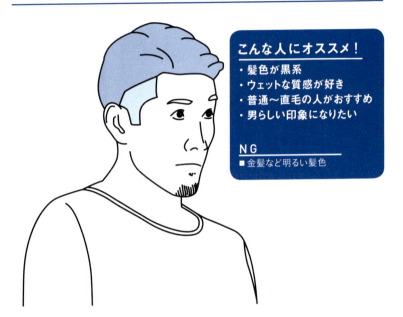

ショートヘア

こんな人にオススメ！

- 髪質、毛量は問わない
- 顔が丸形、ベース型、やせ型など、幅広くカバーできる

NG

■もみあげがない

全体的に髪を梳いて軽さを出した短めのシンプルスタイル。耳の周りをすっきり＆額の露出を多めにし、清潔感や爽やかさをアピール。サイドを短めにカットすれば、M字や頭頂部の薄さもカバーできる。顔立ちや体形を選ばずに似合いやすく、スタイリングも簡単。カットは、美容室でも理容室でもOK。

MEMO

髪型をセットし直したい人はハードワックス、朝にキメたスタイルをくずしたくない人はジェルをセレクト。好みの整髪料を両手のひら全体へなじませたら、手ぐしでやや斜めに流したり、前髪を上げたりして、無造作な動きをつける。トップをツンツンと立てすぎると、子供っぽくなるので注意。

刈り上げヘア

こんな人にオススメ！

- クセの強い人
- 顔が薄い、濃い両方似合う
- 顔の形もオールマイティに対応
- M 字後退もおしゃれな印象に

NG

■柔らかすぎる髪質（ねこ毛）の方

先出のショートレイヤーよりもさらに短く、長短がくっきり分かれていないスタイル。50代以降の俳優や男性タレントにも多い髪型。清潔感が高く、ツーブロックより爽やかな男らしさが引き立つ。昔からあるスタイルが故、頑張っていないのにオシャレな雰囲気が生まれるのもうれしい。スタイリングは最も簡単。トップはもちろん、サイドも短くカットすれば、頭頂部の薄さもカバーできる。理容室でのカットがおすすめ。

MEMO

グリースやジェルでツヤ感を与えると、男らしさや清潔感がさらにアップ！　固めたくない人はグリースを、朝にキメたスタイルを保ちたい人はジェルを選択。整髪料を両手のひら全体へのばした後、トップは根元からもみこんで立ち上がらせ、サイドは軽くなでつけてボリュームを抑えるのがコツ。

センター分け ニュアンスパーマヘア

こんな人にオススメ！

- 丸顔
- 大人っぽく見られたい
- 髪質が柔らかい（ねこ毛）の人

NG

■毛量が多すぎる人

髪の動きや質感はミディアムニュアンスパーマに似ているけれど、前髪を分けて額を露出させる分、大人っぽい印象に仕上がる。縦に抜けるラインが生まれるため、顔の丸さが目立たなくなるのもメリット。清潔感アップのためには耳周りを短く切りそろえたいところだが、この髪型の場合は例外。独特の物憂げな色っぽさがなくなってしまう。毛量が多いと、髪が広がって頭が大きく見えてしまうので避けて正解。

MEMO

オーダーするなら、美容室がベター。寝ぐせのような自然でソフトな動きをパーマで再現してもらおう。スタイリング方法は、半乾きの髪全体にフォームをなじませた後、ドライヤーで乾かす。仕上げに、ミディアムタイプのワックスを両手のひらへ薄くのばし、毛先中心にもみこんで自然な毛束感を作る。

見た目COLUMN

男だからこそ、「試着」はすべき。

僕には仕事を通して出会い、尊敬する男性スタイリストさんがいます。不思議なことに、その方がスタイリングをすると、同じスーツを同じモデルが着ても見違えるほどカッコよく映るんです。コツを聞いてみると、シャツの首周りや袖の長さ、ジャケットの肩幅や着丈、パンツのウエストの位置や丈などなど、本当に細部までサイズにこだわっていることがわかりました。

僕も含めて、男性にとって試着は面倒なことです。しかし、サイズ感ひとつで、その人が醸し出す雰囲気は格段に変わります。いつもダボっとしている服を着ている人にはスマートさは感じませんよね。また、同じサイズでもブランドやメーカーによって規定サイズは少しずつ異なり、「自分はMサイズ」と思っていても、SやLがちょうどいいサイズだった……ということもあります。気が向いたときだけでもいいので、服を買うときは前後のサイズも試着すると、いいことがあるかもしれません。

第4章

etc.

女性雑誌の撮影現場では、スタッフの9割が女性になることも。その経験から僕は、女性は本当に細かいところまで男性をチェックしていることを学びました。ここからは、美容武装に慣れてきたら加えたい、選ばれるためのトピックスをご紹介します。

01

歯磨きは、「口臭ケア」と捉えよ

ヘア&メイクをする過程では、相手との距離が10㎝未満になることもあります。そのため、僕は仕事中はマスクをすることも。特に僕は男性だし、「相手の目の前にヒゲがあったり、僕の息を感じたら嫌だろうな」と思うから。同時に、口臭にもかなり気をつけています。

実は僕、かなりの歯磨きマニアです。歯磨きはもっとも時間をかけてやっているかもしれません。理由は、単純に好きだから。あと、虫歯ができて歯科医に通うのがものすごく嫌だから(笑)。

こだわりは、歯と歯茎の間の歯周ポケットに入り込む極細毛の歯ブラシと、モコモコに泡立ちすぎない歯磨き粉を使い、奥歯から1本ずつ、歯ブラシを10往復させて、すべての歯を磨いていくこと。すすいだ後は、デンタルフロス（歯間ブラシ）を使って歯と歯の間に詰まった汚れをかき出します。1日1回は、専用のラバーブラシを使い、舌磨きもしています。

みなさんのお仕事は、僕ほど相手に接近する機会は少ないと思いますが、口臭が原因で損をしている男性の話を周りからもよく聞きます。最近は、〝スメルハラスメント〟という言葉もあるようですね。口臭を指摘されたことがある人は、歯磨きがきちんとできていない可能性大。タバコを吸う人、虫歯が多い人、ラーメンや餃子など味が濃い食べ物が好きな人も、口臭が発生しやすいので、歯磨きは頑張りどころです。職種を問わず、**相手のことを想ってケアしましょう**。営業の方は特に、マウスウォッシュを携帯し、食後に使ってみてはいかがでしょうか。口の中がスッキリすると、気も引き締まります。

02 本能的に嫌われる!? 「体臭」は本当に厄介

よくも悪くも、香りは脳へ直接働きかけ、その人の印象を左右するといわれています。その影響力は大きく、視覚から得た情報よりも色濃く残ることもあるそうですよ。だから、どんなに美容武装を頑張っても、悪臭が漂っては台無しなんです。体の臭い対策は、毎日しっかり行いましょう。

この本の冒頭でも少し触れましたが、**男性は基本的に、汗と皮脂の分泌量が女性よりもずっと多く、誰もが臭いやすい傾向にあります**。顔と体を毎日洗っている人も要注意！　臭いが強く発生しやすい部分は、ワキをはじめ、頭皮や首筋、耳の後ろにもあります。夜の入浴時はもちろん、朝の洗顔時にも、洗顔料の泡を耳の裏から首筋までつけて洗ってください。

また、かいたばかりの汗には臭いがなく、時間が経って雑菌が繁殖すると臭い出します。事前に制汗剤を使っていても、〝汗をかいたな〟と思ったらデオドラントシート（拭き取るタイプの制汗剤）でこまめに拭き取ると、夜になっても体臭が気にならないはず。外回りの営業の方には、特におすすめします。ちなみに、頭皮の臭い対策は、92〜95ページで紹介した洗い方を実践すればOKです。

そして、体臭対策がバッチリな上級者は、香水よりもほのかに香る「オーデコロン」をまとうと、清潔感がより高まりますよ。30代以上には、爽やか系よりも落ち着いた雰囲気の香りが似合います。ポイントは、つけすぎないこと。動いたときにふんわり香り立つくらいがちょうどいいので、僕がたまに使うときは、脇腹に1プッシュつけるだけです。香りは、その人らしさを表現し、相手の記憶に残ります。気分やシーンに合わせていくつかのオーデコロンを使い分けるよりも、こだわりの香りをひとつだけ使い続けるほうが、男らしい香りのたしなみ方だと思います。

03

ボディミルクを使って、男性でも潤いのある肌に

どんなに顔がテカる人でも基本的には、加齢とともに皮脂の分泌量は減少します。それは、身体の皮膚も一緒。皮膚がつっぱる、カサつく、少しかゆいといった症状に心当たりがあるなら、ボディミルクの出番です。

お風呂上りにボディミルクをつけるなんて女性っぽい行為だと思われるかもしれませんが、**「つけている」のと「つけていない」のでは、今後大きく肌質が変わります！**

ボディミルクの他にも、クリームやオイルなど、身体用の保湿ケア化粧品はいくつか種類があります。僕がおすすめするボディミルクとは、その中でも質感が特に軽くてみずみずしく、広範囲へ一気にのばしやすいタイプ。ベタつかないから男性でも使いやすく、塗ってすぐに服を着ることもできます。僕自身も、秋冬にはよく使ってい

ます。こだわりは、お風呂上がりの水分量が多くて柔らかい肌へボディミルクを塗ること。より素早くなじんで、深くまで潤ったのを実感できるので、ぜひ試してみてください。

同時に、身体の洗い方もきちんと見直すべき。汚れやベタつきを落とそうと、強い力でゴシゴシと体を洗っていませんか？　そうすると、肌に必要な水分や油分まで失うことになり、皮膚トラブルが起きやすくなります。先述した正しい洗顔の方法（56〜59ページ）と一緒で、余分な皮脂や汚れは優しい力で洗っても十分に落とせます。大切なのは、ボディソープをたっぷり泡立てること。そして、すすぎ残しを防ぐこと。熱いお湯ですすぐのも、皮脂不足の原因になります。40度弱のぬるめのお湯でしっかり洗い流しましょう。

Item P173〜174

y　z

04

1日数回の懸垂《けんすい》で、スーツが似合う体になる

「性格は顔に、生活は身体にあらわれる」。これは美容師時代から現在に至るまで、たくさんの男性に出会った経験から知ることができた、僕の座右の銘のようなものです。今のお仕事でご一緒させていただく男性アーティストはもちろん、会社のトップの方々など、いわゆる〝意識の高い人たち〟は、どんなに忙しくても必ず身体を鍛えているし、食事の内容にも気を配っていたりする。だからこそ、Tシャツやスーツもカッコよく着こなしている。その事実に気づいてから、僕も週1~2回は5キロほどランニングをしたり、時間が空いたらジムでトレーニングするようになりました。30代前半の頃からだと思います。

しかし、現代社会で忙しく働く男性や、運動不足が続いている人には、ジム通いは

ハードルが高く感じることもあるはず。そこで、僕がおすすめするのが「懸垂」です。胸筋や腹筋など、男性は主に正面ばかりを鍛えたくなるけれど、Tシャツやスーツをカッコよく着こなす秘訣は〝背中の筋肉〟にあります。

懸垂の魅力は、背中を中心に、上半身全体が一度に鍛えられて効率的なこと。ジムへ通わなくても、専用グッズを購入すれば自宅でもできるし（しかも、比較的安価！）、公園の鉄棒だっていい。最初はヒザを地面につけていいから、順手と逆手の懸垂を1日5回ずつ続けるだけで、数週間後には体型の変化を実感できると思います。僕自身がそうでした。

実は、「Tシャツをカッコよく着たい」という願望をもった当時の僕に〝男は懸垂！〟と教えてくれたのは、EXILEのHIROさんです。やる気が俄然上がりますよね？（笑）。筋肉だけは鍛えることで、いくつになっても増やせます。年齢や忙しさを理由に体型を諦めないことが必要なんです。

05

男が意外とハマる「手元ケア」

美意識の高い女性の間では、髪の毛先や足の指先など、身体の〝末端〟に清潔感や色気が宿るといわれていて、お手入れを重視されている方が多いんです。名刺交換や資料に指をさして説明するときなど、手元に目がいくことは意外と多いもの。爪の間に垢が詰まっているのは無論のこと、**手肌のカサつき、ささくれを無理やり剝がした形跡、のびっぱなしの爪も清潔感がありません**。

僕は、たまにネイルサロンで爪周りのケアをしてもらいます。爪の形を整えたり、表面を磨いて凹凸を取ったり、不要な甘皮（爪の根元にある半透明の皮膚）を処理しました。すると、やっぱりすっきりして清潔感が格段に違う！　手元がキレイになるって、男性でも「気持ちがいい！」と確信しました。

身体のトレーニングと同様、美容を意識されている男性の間ではネイルケアは常識になりかけていて、女性が通うネイルサロンでも男性の入店がOKなところが増えています。調べてみると、男性専用のネイルサロンもあるようです。ネイルサロンへ行くのが恥ずかしい人は、爪磨きセットを購入して自宅で行うのもいいでしょう。

手元のケアは靴磨きに似ていて、うんちく要素も強い。始めてみたら途端に楽しくなって、ハマる男性も少なくないと思いますよ。

「そこまではちょっと……」という人は、ハンドクリームを塗るとか、または爪専用の保湿剤などを塗りましょう。無骨な手元もカッコいいけれど、スーツを着こなす職業には、スマートさが欠かせません。手元はキレイなほうが、ふさわしいと思います。

Item P174～175
I II
III IV

06

男の常識に「アンダーヘアの処理」が加わる!?

僕もまだ未経験ですが、最近は女性のみならず、アンダーヘアのお手入れをする男性の割合も増えているそうです。日本や海外のプロスポーツ選手を始め、アスリートの間では、すでに浸透していて、すべて処理済みの人も多いと聞きました。あと10年もすれば、日本でも常識になりそうですね。

これは聞いた話になりますが、そもそもアンダーヘアはデリケートゾーンを保護するためのものであって、パンツを履く習慣が身についた現代人にとっては、不必要だそうです。もともと蒸れやすい部分でもあるため、毛量が多いほど糞尿の残りなどが付着しがちで雑菌が繁殖しやすく、臭いも強くなる。アンダーヘアは衛生的に保つのが難しくなるという理由から、その処理をする人が増えてきたようです。

また、〝デリケートゾーン〟といわれるように、アンダーヘアが生えている部分の皮膚は他と比べて刺激に弱く、カミソリなどによる自己処理だと肌荒れを起こしがち。専門機関での処理をおすすめされました。

もうひとつ、アンダーヘアを処理すべき理由には「介護問題」が上げられるようです。アンダーヘアがあると下のお世話に時間がかかり、面倒を見てくれる人への負担やストレスが大きくなるそうです。そのため介護の質も大きく変わるというのです。

周りの人たちへの気遣いや、自分の身を最後まで清潔に保つためには、今後はアンダーヘアの処理があるということも知っておいたほうがいいかもしれません。

見た目COLUMN

「衣類の臭いケア」も、体臭予防のひとつ

友人の家へ遊びに行くと、それぞれの家庭で別の臭いがあることに気づきますよね。でも、自宅ではそれがわからない。これは、嗅覚に順応性があるからだそうです。言い換えれば、人間なら誰しも、自身の臭いや生活臭には気づきにくい。だからこそ、予防する習慣を身につけたいですよね。

部屋の中や夜に洗濯物を干す機会が多い一人暮らしの男性は、衣類の生乾き臭に注意してください。着替える前に自身で衣類の臭いを嗅いでみて、少しでも不快を感じたら洗い直しを。最近では生乾き臭を防ぐ洗剤もあるので、切り替えてみてはいかがでしょうか。あと、スーツに染み込んだ汗の臭いもなかなか取れないもの。夏場は汗抜きクリーニングを定期的に行ってみてください。

特別対談

郷ひろみ × KUBOKI

プロのアーティストとして、またひとりの先輩として、尊敬してやまない歌手・郷ひろみさん。年齢を重ねるにつれ輝きを増し、より軽やかに生きる姿勢から、目指すべき「いい男」像を探る。

KUBOKI（以下：K）

郷さんのヘア&メイクを担当させていただくようになって4年、出会った頃からほとんど印象が変わりません。郷さんの美容と健康への意識、とくに身体づくりに関して、維持するための高いモチベーションはどこからくるものでしょうか。

郷ひろみ（以下：G）

身体を鍛え始めたのが、20代後半の頃。きっかけは、「メリハリのあるキレイな身体が欲しい」という単純なこと。以来、ジムでのトレーニングをずっと続けていますが、年齢を重ねるにつれ、自分の身体を鍛える視点が変わってきたように思います。

K　どんな風に変わってきたのでしょう?

G　筋肉量やホルモン量、しなやかさなど、年齢とともにどうしたって失われていくものがある。それを放っておかないということが、現在のモチベーションのひとつになっています。年齢は認識していますよ。でも、だからこそ大胆にもなれると思っています。中古のものでもていねいにメンテナンスすれば、長く使えますよね。人も一緒。自分にはどんなメンテナンスが必要か知る、知りたいと思う意識を大事にしています。

K

メンテナンスというと、つい、外見的なことにとらわれてしまいがちです。

G

むしろ逆で、内面から変えていくことが大事ですよね。内面が変わることで、結果、若々しい外見へとつながっていく。外見ばかり気にしていると、自分自身が辛くなっていくような気がします。

K

郷さんが内面からのメンテナンスで意識していることはなんでしょう?

G

まず、自分に興味を持つことです。僕の場合は、「郷ひろみ」でいたいかいたくないか、が基準。「郷ひろみ」として、どんな服を着こなせばいいか、どんな香りを選べばいいのか、どんな会話をすればいい

G

いのか。でも、これみよがしだとそれも違和感があるから、さりげなく見えるさじ加減が必要です。実は、自然なままじゃなくて、すごく気をつかっているということ。野放しに見えたとしても、実は野放しじゃない。絶妙なさじ加減を実現するためには、きちんとした知識が必要だし、さまざまなスキルを身につけておかないといけないんです。

K

それが内面からのメンテナンスということなんですね。

G

若さは内面から、若作りは外見から、若々しさって内面からにじみ出てくるものですよね。気持ちは若々しいほうがいいし、そ

G――れはつまり、自分自身に興味があるかどうか、ということだと思うんです。

K――確かに、若々しい人と若作りとは全然違いますね。

G――僕は、そのために週3回のトレーニングを欠かしませんが、意識が変わると、選ぶ服や立ち方、歩き方まで変わってくるし、言葉使いや興味の対象まで変わってきます。

K――郷さんの場合は、「郷ひろみ」でいるために、というぶれない哲学がありますが、僕のような一般人は、どうモチベーションを上げていったらいいか……。

G――人にはそれぞれ個性があります。たとえばKUBOKIさんは、ヘア&メイクアップアーティストとして、ゼロから1を作れる技術とクリエイティビティを持っていますよね。僕はゼロから1を作ることはできません。それがKUBOKIさんの個性。そこを生かすためにはどうしたらいいか、それがモチベーションにつながっていくと思いますよ。

K――そう言っていただけると嬉しいです。スタッフひとりひとりをリスペクトできる、郷さんの謙虚な姿勢を感じます。人の良さを引き出す視点、褒めることができる

K――勇気や寛容性、いい男の条件なのでは、といつも刺激になります。

G――僕自身も、どこが人より優れているか、個性はなにかを常に探し続けています。でも、自分と人を比較することはしないですね。気にしているのは〝やらなかった自分〟と〝やった自分〟の違い。これをやらなかったらどうなるだろう、やったらどうなるだろうって。

K――若い頃からずっとそういう意識を持っているんですか？

G――20代後半くらいからずっとそうかもしれません。劣等感や優越感が渦巻く世界を経験して以来、人と比較することは止めました。世の中にはもっとすごい人がたくさんいるし。だから興味があるのは、〝やらなかった自分〟と〝やった自分〟。だから、〝やってみよう〟と思えるし、それがモチベーションになっているんです。

K――郷さんの身体は、自分を信じて〝やってきた結果〟なんですね。初めてお会いした頃に、どんな装いでもかっこよく着こなす郷さんの身体に触発されて、ジムに通うようになりました。鍛えていると肩や腰、足がしっかりしてくる。メリハリが出てくるから余計、スーツでもなんでもかっこよく服が着こなせるようになるんですね。

G――こういう身体になりたい、と目標があるのはいいことですよね。その意識が内面を変えるきっかけになると思うから。

K――メンタル面でも常にニュートラルでいられるのは、自分といつも向き合っているからなんでしょうか？

G――メンタルなことは、みなさん同様に、自分ではわからないこともあって。ニュートラルだと言われるのは、できることを長く続けてきた経験があるから。「郷さんは普通じゃない、特別だ」って言われることもあるけれど、僕はただ、誰もができる普通のことを継続してきただけ。普通のことを長く続けてきたら、結果、特別だって言われるようになった。今では、続けてきた人だけが特別になれるんだって思うようになりました。

K――面倒くさいと思うことを普通に続ける、継続こそ宝ということですね。

G――例えば、週3回、30年以上ずっとトレーニングを続けてきました。60歳過ぎて、「普通じゃない」と言われるように。でも、確かに、人より動ける身体を手に入れて、普通じゃなくなったのかな。普通のずっと先に、特別があったということなんでしょうね。

K――そもそも30年前、20代のときに身体を鍛えようと思った意識が、普通の人とは違うような気もしますが(笑)。

G――キレイな身体になりたい、女の子にモテたいとか、きっかけは単純。ずっと続けられると思っていなかったし、なにも知らずに始めたんですよ。今の時代、驚くほどのスピードでテクノロジーが進化していますよね。歌や音楽はもちろん、車や医学などありとあらゆるものが、すごい勢いで進化している。僕自身も、音楽や時代の進化にあわせて、進化していかなくてはいけないんですね。変化するその先に進化があると思うから、自分を変えていくことには抵抗がなくて。変わらないと、手に入らないものもあるんだって思うから。

K――継続する上で、柔軟性も大事ということですね?

G――そうですね、身体の鍛え方もどんどん進化しているので、時代に耳を傾けるフレキシビリティはとても大事。その結果、内面が磨かれていくのかもしれません。たとえば、洋服のシミはなかなかとれないから、時間をかけてとっていかないと

G ——いけない。筋肉のくせや歌い方など、くせをとるのも時間がかかりますから。

K ——確かに、くせはなかなか抜けないと実感しています。

G ——昔はヒップホップもなかったし、ラップもなかったけれど、時代の変化に、ついていかないといけない。でも、自分らしさを考えたら、オリジナリティも残さないといけない。がらりと変わり過ぎてもダメだから、そのためにどうすればいいのかを、時代の変化とともにずっと考えています。

K ——そこにルールみたいなものはあるのでしょうか？

G ——僕の中では、進化の1を取り入れればいいと結論づけています。くせをとるために100％頑張り過ぎてもダメということ。美容に例えると、エイジングケアをやり過ぎて、自分の皮膚感や個性が見えなくなってしまってはダメ。オリジナリティである9を残しつつ、1を進化させていく。もちろん、自分の個性がなにかを知っておかなくてはいけないという前提ですが。

K ——他にも美容と健康のために、郷さんがルーティンで続けていることはありますか？

G ——そうですね、20年以上オーラルケアを続けています。「美容と健康のためにはオー

ラルケアが欠かせない」という知識を得て始めたのが、「1日4回の歯磨きです。朝、昼、ディナー前と就寝前の歯磨きは欠かせません。それぞれ、朝と夜でフロスを使い分けているのと、舌苔《ぜったい》を除去するスクレーパーもワンセットで。歯磨き粉も3種類、使い分けています。1回に10分ほどかかりますが、歯磨きはごく当たり前のこと。それを20年以上ずっと続けています。月に1回、歯医者に行きますが、ドクターからは、「1本も歯周病がないのは日々のオーラルケアの賜《たまもの》ですね」と褒められます。歯磨きなんてまったく特別なことではなく、ただ、面倒くさいと思うことを面倒くさがらずに続

G――けているだけなんですけれどね。

K――ごく普通のことをずっと続けているというのが、かっこいいですし、20年以上前に、オーラルケアが大事だと気づいていた郷さんがすごいと思います（笑）。

G――唾液には殺菌力があると言われていますが、同時に口腔内は細菌も数多く存在しています。頭部に近いので、単純に不要な菌は除去したほうがいいな、と思ったのがきっかけです。実際に、歯周病や口臭の原因になっていますしね。じゃあ、口腔内を清潔に保つにはどうしたらいいかを考える。知りたいという欲求から学ぶから、さらに知識が増える。そうすると、正しい情報が取捨選択できるようになるんです。

K――新しい情報はどうやってアップデートしているんですか？

G――本が大好きだということもあるけれど、興味を持ったらすぐ調べる、人に訊く、医者やトレーナーなどの意見も。なんにでも耳を傾けます。

K――スポンジみたいな吸収力ですね！

G――なぜこの筋肉が？　その動きはどうして？　疑問に思ったことはなんでも訊きま

G――す。スクワットは、パラレルスクワットでいいですか？　クォーターですか？　ハーフですか？　その違いはなんですか？　けがのリスクは？　知ることでトレーナーとのコミュニケーション能力も高まるし、信頼関係も深まります。

K――知りたいという欲求、好奇心の強さは大事ですね。

G――無駄にしたくないという意識かもしれません。1時間トレーニングをするなら、1時間を無駄にしないでやろう、と。いい加減にトレーニングすると身につかないということが、経験でわかっているからです。なんでもそうですが、適当にやると60点。それを10日続ければ、600点にしかなりませんが、100点を10日続ければ1000点に。10日間で400点も差が出てしまうんです。どうせやるなら集中してやったほうがいい、そう思えるかどうかの差なんでしょうね。

K――自分がこの先どうなりたいかのヴィジョンも鮮明なのですか？

G――具体的なことより、結果はすべて自分にかえってくる、そういう意識は常に持っています。

K――進化し続ける郷さん相手に、僕自身も気が引き締まる思いです。言葉に出さずと

K

も、郷さんが常に前向きであることは伝わってきます。だから僕も、進化していきたいと思うし、気持ちいいほど、周りの人を一生懸命な気持ちにさせてくれるんだと改めて思いました。

G

メイクルームではそんなにプライベートな話はしないけれど、お互いインディビジュアルに仕事をしているので、同じ空気感はわかりますよね。

K

食べ物や飲み物でこだわっていることはあるんでしょうか？

G

毎朝の有機青汁と、食事で補いきれない栄養素をサプリメントで摂取しています。サプリメントも免疫力を維持するため、健康

で若々しくいたいという興味から、30年ほど前に始めて。ただ、むやみやたらに摂取するのではなく、きちんと勉強して、自分の身体に必要なものだけを厳選して取り入れるようにしています。

G――お会いするときは常に生き生きと若々しくて、乱れた（笑）郷さんを見たことがない。ストレスをためない工夫ってあるんですか？

K――プロセスを楽しむようにしていますね。ネガティブに考えないように意識しています。問題が起こったとしても、「きっと解決できる」という考え方を常に持ってるかな。適度なストレスも大事。ほどよい緊張感は、ぼけない秘訣だと思うし。

G――問題を良くとるか、悪くとるかの意識の違いでしょうか。確かに、全国ツアーで「疲れたな」と感じることもありますが、それもまた楽しんでいます。会場に来られたたくさんのファンの方々の気持ちを考えると、最高の「郷ひろみ」でいなければ、と思う。じゃあ、そのためにはどうすればいいか。ステージの時間から逆算して睡眠時間を考える。質のいい睡眠をとるためにはどうしたらいいか。副交感神経のスイッチをスムーズに押すためにはどうすべきか、と。だから、就寝前は

G――テレビもパソコンも携帯も、デジタル系はすべてオフ。心を落ち着かせるために本を読んだり、穏やかに過ごすようにしています。こういったプロセスをストレスに感じず、楽しんでいるだけ。あ、100％でトレーニングした日は、バタンキューって寝られますけどね（笑）。

K――話を聞くと至極、納得できるのですが、意外とできていないことばかり（笑）。

G――ツアー中はとくに、ステージ上で最高のパフォーマンスをお見せしなくては、という目的があるので、そのためにどうすべきかを第一に考えて行動。それを淡々と継続しています。

K――郷さんは常に本を読んでいらっしゃる印象です。

G――知りたいと思ったこと、興味を持ったことは活字から拾うことが多いですね。新聞の書評も読みますし、最近は、大好きなチーズの本を読んで、ますますその魅力にはまっています。

K――興味を持ったらとことん追究。郷さんを見ていると、内面を磨くという意味、生き生きと輝いている理由がとてもよくわかります。その結果、年齢を重ねても清

K ――潔感を失わず、ずっと素敵でいられる。男性の場合は、その結果が仕事にも直結しますし、「いい男」には、そういう意識が必要なのだと……。

G ――興味を持ったら、人に話を訊いたり、本も読んだりしますが、鵜呑みにするのではなく、自分の感覚で理解し、咀嚼して、必要なものを精査して取り入れる。自分の考え方、自分のスタイルを築き上げていくプロセスも大事にしたいですよね。

K ――ずばり、郷さんが考える「いい男」とはどういうものなのでしょう？

G ――うーん、やっぱり、同性から惚れられる男だと思う。男同士だと、外見や容姿ではなく、内面を見ますよね。女性の目は甘いけれど、男の見る目は厳しい。だから、内面を磨くしかない。内面にこだわれば、結果、外見も磨かれていくものだと思うし。中身がある人はだんぜん魅力的です。同性の目こそ、真実の鏡ですね。

K ――郷さんをお手本に、魅力的な男性が増えるよう、僕たち世代はもっと頑張らないと、と強く思いました。ありがとうございました。

郷ひろみ／歌手　15歳のとき芸能界にデビューし、一躍スターとなり、現在に至るまで第一線で活躍。2017年に102枚目のシングルとなる「スキだから」（ソニーミュージック）をリリース。円熟味を増したヴォーカル、切れのいいダンスなど、年齢を重ねてなおエネルギッシュな姿に、同性からのファンも多い。

KUBOKIおすすめ
男の美容武装アイテム

Catalog

シェーバーやシャンプー、スキンケアコスメから整髪料まで、僕が実際に使ってよかったアイテムのみを厳選して紹介します。アイテムによっては、女性モノを推薦しています。新しいアイテムひとつで美容が楽しくなるはずです。

A

シェービングフォーム

ニベアメン シェービングフォーム／ニベア花王

クリーミーで濃密、かつ弾力もある泡がワンプッシュで出てくるタイプ。分厚い泡が肌をしっかり包み込み、深剃りをアシスト。ヒゲ剃り後の肌を整えるうるおい成分を配合。肌質を問わず使いやすい、ノンアルコール＆ノンメントールタイプ。

オープン価格

B

シェービングフォーム

シック ハイドロシェービングフォーム／シック・ジャパン

キメ細かい立体泡が、押すだけで出てきて便利。肌を潤す成分であるヒアルロン酸が２種類も配合され、シェービング後は思わず触りたくなるほど、しっとりすべすべの肌に。肌が乾燥しやすい人には特におすすめ。

オープン価格

C

アフターシェーブ

アフター シェイブ スプラッシュ／クラランス

シェービング後の肌をみずみずしく潤し、カサつきやヒリヒリ感を予防する化粧水。同時に、ひんやりクールな感触で肌をキュッと引き締め、なめらかな状態に整える働きもある。清涼感のある香りに、気分もリフレッシュ！

定価：4,500円＋税

D

アフターシェーブ

キールズ ハーバル トナー フォー メン アルコールフリー／日本ロレアル

ひんやり心地いい使用感と贅沢な潤い感でシェービング後の肌を整えて引き締める、ペパーミントオイルを配合した男性用化粧水。肌に本来備わる機能をサポートし、シェービングによる肌へのダメージが悪化するのを予防。

定価：3,000円＋税/250ml

E

T字カミソリ

シック ハイドロ5プレミアムホルダー／シック・ジャパン

5本のスキンガードにより、肌の動きをコントロールし、肌表面がより平らで滑らかになり、刃の食い込みを防ぐ5枚刃の替刃式カミソリ。独自開発の「ハイドログライドジェル」を搭載し、剃るたびにすべり心地が良く、ヒリつきの原因となる肌へのダメージから守ります。肌に刃が吸い付くような滑らかな深剃りが可能。

オープン価格

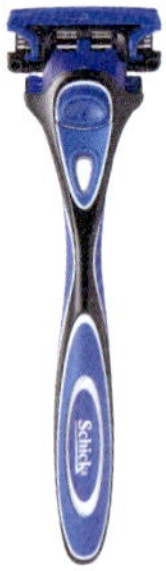

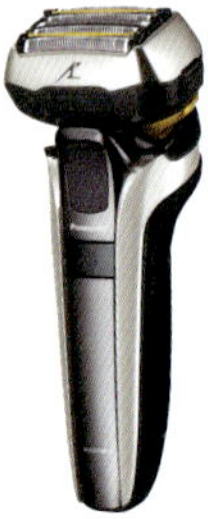

F

電気シェーバー

メンズシェーバー「ラムダッシュ」ES-LV9CX／パナソニック

日本刀と同様の製法で磨かれ、切れ味も耐久性も抜群。働きの異なる3種の刃が5枚装備され、長いヒゲやくせが強いヒゲも、根元からスパッと一発でカットできるのがうれしい。肌への負担も従来より少ない。

オープン価格

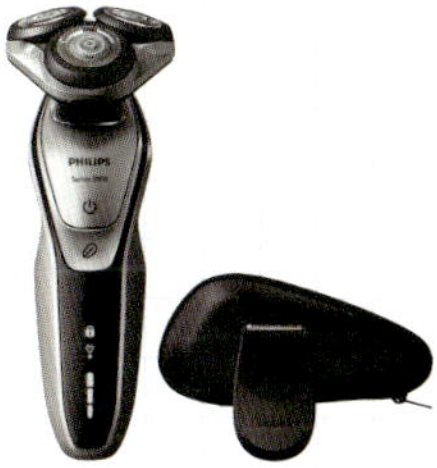

G

電気シェーバー

PHILIPS Shaver series 5000 S5397/12 /フィリップス

ヘッドの可動域が広く、顔の凹凸に密着してきちんと深剃りできる。内刃が肌に直接触れにくい設計で、シェービング時のダメージを最小限に防げる。肌質やヒゲの濃さに合わせて、スピード調整が簡単にできるのも魅力。

オープン価格

H

洗顔

ポール・スチュアート　フェイシャルウォッシュN /ポール・スチュアート

配合されているホワイトクレイには、毛穴の汚れやニオイの素となる汗や皮脂を吸着して落とす効果がある。すっきり洗えてつっぱりにくく、肌がベタつきやすい男性には特におすすめ。シトラスグリーンの香り。

定価：1,800円+税

I

洗顔

クリニーク フォー メン フェース ウォッシュ/クリニーク

必要な水分や油分を守りながら、余分な皮脂や汗、汚れはすっきり落とせる。洗い上がりは、しっとり柔らか。簡単に泡立つうえ、泡切れが良くてすすぎもれしにくい点にも好感がもてる。乾燥肌から混合肌の男性向き。

定価：3,500円+税

J

ミスト化粧水

アベンヌ ウオーター／ピエール ファーブル ジャポン

美しく健康的な肌を保つのに必要不可欠な成分・ミネラルを、バランスよく含む南フランス生まれの温泉水を100%ボトリング。肌質を問わず使えることから、男性誌の化粧品アワードの保湿部門で大賞に輝いた経歴もアリ。

定価：1,500円＋税 /150g　※編集部調べ

K

ミスト化粧水

ユリアージュ ウォーター／佐藤製薬

皮膚治療目的で世界中から多くの人が集まる、南フランスの温泉水。きめ細かいミストは、肌にふわっと触れてすぐになじみ、肌をうるおします。肌に本来備わるバリア機能を高め、刺激に負けない、強い肌へ。

定価：1,800円＋税 /150ml

L

オイル

Bioil（バイオイル）／小林製薬

開発に12年を費やした独自の「ピュアセリンオイルTM」を配合。オイルとは思えないほどサラッと軽くてのばしやすく、肌の深くまですぐに浸透する。乾燥による皮膚トラブルはもちろん、傷跡のケアにも効果的。

定価：1,600円＋税 /60ml

M

オイル

プラントフェイスオイル／クラランス

百貨店で発売され、スパにも導入される自然派化粧品ブランド。乾燥肌、脂性肌、普通肌用の3タイプから選べ、ベタつきや乾燥による刺激とは無縁の心地いい状態が続く。自然を感じる香りに、気分もリラックス。

定価：5,500円＋税

N

美容液

クリニーク フォー メン CFM スキントーン セラム／クリニーク

ベタつかない使用感で肌を潤し、毛穴や小ジワの目立たない若々しい印象へ導く、男性用美容液。化粧水を使った後、目の周りを避けて顔全体と首につけるのがコツ。皮膚科医発祥ブランドという点にも信頼がもてる。

定価：8,500円＋税

O

美容液

アスタリフト ジェリー アクアリスタ／富士フイルム

洗顔後、化粧水の前に使う、赤いジェリー状の美容液。保湿成分のほか、シワやたるみといった年齢サインへ働きかける成分・アスタキサンチンやリコピンも配合。乾燥しがちな大人の男の肌も潤い、ハリツヤのいい状態へ。

定価：9,000円＋税 /40g

P

日焼け後のケア

オールインワン リフレッシュ ジェル / 江原道

日焼け後の肌のほてりや乾燥を潤して鎮める、みずみずしい涼感ジェル。2種類の海藻エキスとアロエを配合。美容液、化粧水、乳液、パックの機能が集約され、ヒゲ剃り後のスキンケアはこれ1本でOK。清涼感のある香り。夏季限定品。

定価：3,800円＋税

Q

トリマー

ヒゲトリマー ER2403PP ／パナソニック

3～15mmの間で、5段階の長さ調節ができるアタッチメント付き。アタッチメントを外せば、ヒゲの毛先をそろえたり、もみあげを整えたり、うぶ毛処理もできる。乾電池式で水洗いもOK。いつも清潔に使える点も魅力。

オープン価格

R

BBクリーム

NULL BB クリーム／ G.0 ホールディングス

塗っていることがバレないよう、とことんこだわって開発。色も日本人男性の肌色に合わせていて、初めて使う人でも、シミ、くま、青ヒゲといった色ムラをきれいに隠せる。テカらない&くずれにくい点も好印象。

定価：1,834円＋税

S

BB クリーム

ラボ シリーズ BB クリーム フォー メン SPF35 ／ラボ シリーズ

SPF35・PA+++ の UV カット効果で、日焼けを予防。同時に、シミ、赤み、テカリなど、肌表面の悩みを自然にカバーし、均一な肌色へ整える。洗顔やシェービング後のお手入れの最後に、指先になじませ全体を軽く押すようにしてつける。

定価：5,300 円＋税

T

アイブロウ

K- パレット ラスティングスリーウェイ アイブロウ ペンシル／クオレ

眉ペンシル、眉パウダー、スクリューブラシが 1 本に集約され、利便性が高い。汗、皮脂、水、こすれに強くて落ちにくいのに、仕上がりはナチュラルでバレにくい。男性には、グレイッシュブラウンの「04」がおすすめ。

定価：1,200 円＋税

U

アイブロウ

ファシオ パワフルステイ アイブロウペンシル／コーセー

汗や皮脂、水に濡れても落ちにくい、ウォータープルーフ処方の眉ペンシル。反対側には、眉の毛並みを整えたり、ぼかして自然な仕上がりへ導くスクリューブラシを搭載。凛々しい印象を引き立てる色は「GY001」がおすすめ。

定価：1,400 円＋税

V

眉シェーバー

マユシェーバーキット ER-GM20 ／パナソニック

不要な眉のカットと、眉全体の長さ調整ができる。小回りが利くコンパクトヘッドで、必要な部分を剃り落とす心配も少ない。長さ調整用のアタッチメントは2個付き。4段階から長さを選べ、こだわり派も満足するはず。

オープン価格

W

グルーミングキット

グルーミングキット KIYA 缶／日本橋木屋

200年以上の歴史をもつ刃物の老舗「日本橋木屋」のオリジナル品。手中に収まるほどのコンパクトな缶の中には、爪切り、鼻毛バサミ、耳かき、毛抜き、ツールナイフ、収納ケースがイン。小さくてもすべて本格派！ ギフトにも喜ばれる。

定価：11,000円＋税

X

リップクリーム

モアリップ N ／資生堂薬品

唇へ直接塗れるチューブタイプで、ツヤ感は控えめ。柔らかいクリームが唇を包み込む感覚が気持ち良く、乾燥予防はもちろん、すでに皮が剥けてしまった唇や口角のひび割れもケアできる。第3類医薬品。

定価：1,200円＋税

Y

リップクリーム

薬用リップケア モイスト／ピエール ファーブル ジャポン

潤いのベールで唇を包み込み、縦じわさえも目立たなくするスティックタイプのリップクリーム。無香料、無着色、アルコール＆防腐剤フリー。敏感肌でも使いやすく、荒れてしまった唇にも優しい使い心地。医薬部外品。

定価：1,050 円＋税　※編集部調べ

HAIR

Z

h&s for men ボリュームアップシリーズ 地肌ケア　薬用シャンプー＜医薬部外品＞／P&G

細くてボリュームが出にくい髪質に向けて開発された、男性用シャンプー。濃密な泡が整髪料や頭皮の汚れをきちんとオフ。同時に、有効成分が毛穴まで浸透して根本的原因にアプローチ。根元から勢いよく立ち上がる髪へとうながす。

オープン価格

a

シャンプー

バイタリズムスカルプケアシャンプー／ヘアジニアス・ラボラトリーズ

頭皮に優しい洗浄成分が使われたメンズ用シャンプーは、頭皮のフケやかゆみに悩む人にもうってつけ。洗い上がりの髪にハリ・コシを実感できる点や、ハーブを基調としたフローラルグリーンの香りもポイントが高い。

定価：1,980 円＋税

b

シャンプー

シンプリス＋インセンス スキャルプ&ヘア シャンプー／シンプリス

ショートヘアの男性なら、コンディショナーを使わなくても扱いやすい髪に仕上がる、アミノ酸系シャンプー。髪のハリや根元の立ち上がりも実感できる。髪、頭皮、手肌への負担が少ないから、乾燥しやすい人にも◎。

定価：4,200円＋税 /300ml

c

シャンプー

d プログラム ヘア&スカルプ シャンプー AD ／資生堂

頭皮が乾燥しやすく、フケやかゆみに悩む人のために開発された低刺激シャンプー。頭皮や髪に負担をかけずに、汚れや汗を優しく落とせるのが特長。潤いを保つ独自成分が配合され、これ1本でなめらかな指通りに。

定価：1,500円＋税

d

シャンプー

アピセラ ヘアソープ／資生堂プロフェッショナル

天然の生薬と名高い成分・プロポリスを配合。髪と頭皮を潤しながら清潔に保ち、ニオイにくい状態をキープ。マッサージを取り入れることで頭皮の血行促進にも効果的。

定価：2,200円＋税

e

トニック

カロヤンジェット無香料／第一三共ヘルスケア

生薬抽出成分とビタミンE誘導体が頭皮の血行を促し、抜け毛を予防＆発毛をサポート。フケやかゆみを防ぐ成分も配合され、頭皮の乾燥対策もできる。爽快感のある使い心地で、継続的にケアできるはず。医薬部外品。

定価：1,280円＋税

f

トニック

サクセス　薬用育毛トニック／花王

毛根の奥にある毛球へ働きかけ、太くて抜けにくい髪を育てる有効成分「t－フラバノン」を配合。ミクロ炭酸ジェットスプレーで力強く、毛根の奥深くまで到達。血行促進し、血液中の栄養が毛根に送り込まれ、抜け毛予防にも効果的。医薬部外品。

定価：1,010円＋税

g

ローション

リアップX5プラス／大正製薬

発毛効果が認められた成分・ミノキシジル5％と3つの発毛サポート成分を配合した発毛剤。効果がわかるようになるまで少なくとも1日2回を4カ月間毎日続ける。第1類医薬品。

定価：7,048円＋税/60ml

h

薄毛スタイリング

ボリューム ルーツスプレイ／アラミック

細くて柔らかい髪にボリュームとしなやかさを与える、洗い流さないトリートメント。タオルで水分を拭きとった半乾きの髪の根元へ直接スプレーするのがコツ。健康的で抜けにくい髪が生えやすい頭皮へ整える効果もある。

定価：3,600円＋税

i

薄毛スタイリング

ステージワークス　パウダーボリュームエアー／資生堂プロフェッショナル

空気を含んだようにふんわりとした動きをつけられる、スタイリングスプレー。ボリュームを出したい部分の髪の根元へスプレーし、もみこむだけ。ドライな質感で潰れにくく、キメすぎない雰囲気を楽しめるところもいい。

定価：1,800円＋税

j

薄毛スタイリング

ボリューマイジングフォーム／ジョンマスターオーガニック

指通りの良い軽い仕上がりなのに、根元から大胆に立ち上げてキープする、フォームタイプのスタイリング剤。オーガニック処方で、頭皮についても嫌悪感がない。ほどよいツヤ感が加わり、若々しさもアップ。

定価：3,600円＋税

k

ワックス

ナカノ スタイリング タントNワックス　3ライトハード／中野製薬

ほどよいセット力をもち、毛先の自然な動きや毛束感、毛流れを演出するライトハードタイプ。重め前髪スタイルやミディアムニュアンスパーマなど、柔らかい動きをつけたい髪型と相性が合う。フルーティ系の甘すぎない香り。

定価：1,300円＋税 /90g

l

ワックス

スパイスシスターズ　ハードワックス／アリミノ

強いセット力をもちながらバリッと固まらず、手直しが自由にできる点が魅力。毛先の尖った動きや毛束感をしっかり出したい、ショートレイヤースタイルにおすすめ。爽快感のあるペアーミントの香り。

定価：1,200円＋税 /35g

m

パウダーワックス

オージス　ダストイット／シュワルツコフ

根元からの自然な立ち上がりが欲しい部分へ直接ふりかけて使う、パウダー状ワックス。通常のワックスよりも水分や油分が少ないため、軽くてベタつかず、ふんわり感が長もち。部分的にも使いやすい。マットな質感。

定価：1,500円＋税

n

フォーム

BS スタイリング ワックス　フォーム／アリミノ

パーマの立体感や束感をくっきりつけながら、軽くて柔らかい質感に仕上げるのが得意なタイプ。ニュアンスパーマの動きを強めに出したいときにおすすめ。ユニセックスで使えるシンプルなデザインは、女性からも高評価。

定価：2,000 円＋税 /230g

---

o

フォーム

レーベルエム　エクストラストロングムース／カミル

細い髪にコシを与え、スタイルをキープするタイプ。パーマの動きや立体感をより出したいときにもおすすめ。世界的ショーでも活躍するヘアスタイリスト集団が監修した本格派で、プロの撮影現場でも使われることが多い。

定価：2,100 円＋税

---

p

フォーム

ウーノ スーパーハードムース／資生堂

湿気が多い日も、スタイルをがっちりキープする、ハードタイプ。そんなセット力の高さとは裏腹に、仕上がりはゴワつかず、泡そのものもクリーミーでベタつかない。水をつければ再整髪可能で、失敗しても問題なし。

定価：1,000 円＋税

---

q

ジェル

ウーノ デザインハードジェリー（ナチュラル）／資生堂

ワックスの幅広いアレンジ力と、ジェルの優れたキープ力を両立。セット力はハードなのにツヤ感は控えめで、キメていないのにオシャレな雰囲気のスタイルが作れる。ミディアムニュアンスパーマやショートレイヤーに◎。

定価：850円＋税

r

ジェル

セバスティアン ジェルフォルテ／ウエラプロフェッショナル

優れたホールド力と、時間が経った後も髪を自由にアレンジできる柔軟性を両立した、便利なヘアジェル。みずみずしくツヤやかな光沢感が髪に加わるのに、触ってもベタつきが気にならず、一日中快適に過ごせる。

定価：1,800円＋税

s

ジェル

ポール・スチュアート　ヘアジェルN／ポール・スチュアート

自然なツヤを与えつつ、スタイルをしっかりキープ。少しだけ柔らかさを残したいトラッドなスタイル作りに向いている。ブルー系色素が配合され、白髪が目立たなくなるのもうれしい。シトラスグリーンがわずかに香る。

定価：1,700円＋税

t

グリース

オーガニックウェイ フローズン・グレイズ／アラミック

強力なセット力で、スタイルを長時間キープ。強い光沢感を髪に与え、スタイルにメリハリを演出する。ツーブロックや刈り上げ、ショートレイヤースタイルなど、男らしいスタイル作りに活躍する。オーガニック処方。

定価：3,000円＋税

U

グリース

ギャツビー スタイリンググリース／マンダム

シャープな毛束感をつける「ルードロック」、前髪をかきあげたオールバックを瞬時に作る「フリーズバック」、この他に、刈り上げやツーブロックの分け目を固めずにきちんとつけられる「クラシカルアレンジ」がラインナップ。

定価：800円＋税 /100g

V

グリース

クールグリースG ／ファイン コスメティックス

水に濡れたようなツヤ感と、ハードすぎないセット力が終日持続。ミディアムニュアンスパーマやツーブロックヘアで、柔らかい毛流れをつけたいときにぴったり。シャンプーで簡単に落とせる水溶性。ライムの香り。

定価：900円＋税 /87g

w

フィニッシュスプレー

トリエ スプレー 5／ルベル／タカラベルモント

つけた瞬間にスタイルをホールド。優れたセット力をもちながらも質感は変わらず、自然な印象へ仕上がる。霧の粒子が細かいので、髪の内側までいきわたり、ふんわりした表現ができる。根元から立ち上げてキープするのにも便利。

定価：1,600円＋税 /170g（ヘアサロン専売品）

x

フィニッシュスプレー

スパイスプレミアム フリーズキープ スプレー／アリミノ インターナショナル

毛先のシャープな動きやスタイルの立体感をスーパーハードなセット力で、長時間キープ。加えて、ほどよいツヤ感が清潔感をアップ。固定された後に手ぐしを通しても白い粉が吹きにくい処方。ショートヘア向き。

定価：1,800円＋税 /140g

ETC

y

ボディローション

ジョンソン®ボディケア フレッシュジェルローション／ジョンソン・エンド・ジョンソン

ミネラルなどを豊富に含む海洋生まれの上質な成分を配合した、ジェルタイプのボディローション。のびがよくてすぐになじみ、みずみずしくさらっと潤う。さわやかなフレッシュグリーンのほのかな香りも、万人に受ける。

定価：598円＋税　※編集部調べ

Z

ボディウォッシュ

ポール・スチュアート ボディウォッシュ／ポール・スチュアート

加齢臭の原因となる毛穴の皮脂汚れを吸着して落とす、炭を配合。もっちり弾力のある泡は、100％植物由来の洗浄成分によるもの。すっきり洗い上がるのにつっぱらず、なめらかな肌へ。上質なシトラスグリーンの香り。

定価：2,000円＋税

I

ネイルオイル

エレガンス ジェル ネイルオイル／エレガンス コスメティックス

外出先でも使いやすく、こぼす心配もない筆ペンタイプの爪用トリートメントオイル。爪の根元へ塗ったら、反対側の指で優しくすり込むのがポイント。ベタつきもヌルつきも少なく、すぐに作業へ戻れるのも社会人向き。

定価：2,500円＋税

II

ネイルオイル

ネイルケアオイル／無印良品

サラッと軽い使用感ですぐになじむ、植物オイルを配合。使い続けるほど、爪の乾燥はもちろん、ささくれといった爪周りのトラブルも目立たなくなるはず。オフィスでも気になった時にさっと使いやすい、ペン型タイプ。

定価：730円＋税

III

ハンドクリーム

ポール・スチュアート ハンドクリームN／ポール・スチュアート

スムースになじんでベタつかず、スマートフォンにもつきにくい処方。軽い使用感なのに、手肌が潤った実感は高い。洗練されたシトラスグリーンがわずかに香り、心地良さも得られる。携帯に便利なサイズ。

定価：1,200円＋税

IV

ハンドクリーム

ポーラ ザ ハンドクリーム／ポーラ

年齢が現れやすいという手元の皮膚の特徴を踏まえ、効率的に働きかける美容成分を配合した、ジャータイプのハンドクリーム。使うたび、ふっくらやわらかな手肌へ。ビターオレンジとジャスミンの落ち着く香りも魅力。

定価：3,900円＋税

・大正製薬　03-3985-1800
・中野製薬　0120-075570
・ニベア花王　0120-165-699
・日本橋木屋　03-3241-0110
・日本ロレアル　03-6911-8562
・パナソニック　0120-878-697
・P&G　0120-021-327
・ピエール ファーブル ジャポン　0120-171-760
・ファイン コスメティックス　03-3269-6621
・フィリップス　0570-07-6666
・富士フィルム　0120-596-221
・ヘアジニアス・ラボラトリーズ　0120-620-680
・ポーラ　0120-117111
・ポール・スチュアート　0120-878-615
・マンダム　0120-37-3337
・無印良品　03-3989-1171
・ラボ シリーズ　03-5251-3541
・ルベル / タカラベルモント　0120-00-2831

P139 ～ 153　郷ひろみさん衣装

・Rosen Hemden　03-5807-5552

INDEX

・アラミック　072-728-5150
・アリミノ　03-3363-8211
・アリミノインターナショナル　03-3363-8197
・ウエラ プロフェッショナル　0120-411-524
・エレガンス コスメティックス　0120-766-995
・カミル　03-3496-6768
・花王　0120-165-696
・クオレ　0120-769-009
・クラランス　03-3470-8545
・クリニーク　03-5251-3541
・Koh Gen Do 江原道　0120-700-710
・コーセーコスメニエンス　0120-763-328
・小林製薬　0120-5884-06
・佐藤製薬　03-5412-7393
・G.O ホールディングス　06-4862-4882
・資生堂　0120-81-4710
・資生堂プロフェッショナル　0120-81-4710
・資生堂薬品　03-3573-6673
・シック・ジャパン株式会社　03-5487-6801
・シュワルツコフ　プロフェッショナル　03-3472-3078
・ジョンソン・エンド・ジョンソン　0120-10-1110
・ジョンマスターオーガニック　0120-207-217
・シンプリス　0120-370-063
・第一三共ヘルスケア　0120-337-336

おわりに

プロローグでも少しだけ触れましたが、僕は見た目が変わったことで周囲とのコミュニケーションが積極的になったり、行動範囲がぐんと広がったり、その結果、人生が変わっていく男性を何人も見てきました。これは、「美容武装にチャレンジしてみる→評価される→うれしい、楽しい」といった、次々に湧き上がるポジティブな感情が巻き起こした〝成功〟であり、決して見た目がよくなったからという外面的要因だけが生み出した結果ではありません。ルックスに恵まれた男性の中にも、自己肯定感が低かったり、コンプレックスが無駄に強すぎて、人生を楽しめていない人は結構いらっしゃいます。男の美容武装の最終目的は、たった一度の人生を、〝自分らしく気持ちよく積極的に楽しめるようになる〟こと。身だしなみを整えるという過程を通して成功体験を積み重ね、心身ともにステップアップするための手段なのです。

だから、「仕事もプライベートも、今のままでいい」という人には、美容武装は必要ありません。しかし、『美容武装は、継続が力なり』。現状に満足をしていても、美容をしてきた人とそうでない人では、10年後にあらゆる場面で必ず格差が生まれます。美容武装をしてきた人は10年後、今よりずっと素敵な男性になっているはず。それは、肌や髪に若々しさがあるのは当然、成功体験を積み上げることで内面がポジティブになり、さまざまなことにチャレンジした経験から生まれる、人間性の深さも容姿に現れるからです。「男だから、美容はしなくていい」という考えは、はっきり言っても う古い。将来に後悔したくないなら、10年後も楽しい毎日を過ごしたいなら、自分のために「今」、美容武装に取り組んでください。

最後になりましたが、この本をここまで読んでくださったみなさま、本当にありがとうございます。そして、特別対談にご出演いただいた郷ひろみさん、僕に内面から湧き上がる男のカッコ良さを教えてくださったHIROさん、この本の制作にご協力いただいた、たくさんのスタッフの方々にも、心より感謝を申し上げます。本当にありがとうございました。

ヘア&メイクアップ アーティスト　KUBOKI

男の美容武装

著者　KUBOKI

2017年12月1日　初版発行

ブックデザイン　小口翔平＋山之口正和＋岩永香穂（tobufune）
文　北川真澄
イラスト　渡辺鉄平
校正　東京出版サービスセンター
静物撮影　長谷川梓

【P139-155 郷ひろみ× KUBOKI 特別対談】
撮影　資人導（Vale.）
スタイリスト　後藤仁子
ヘアメイク　KUBOKI（Three PEACE）
文　安倍佐和子

マネージメント　大島芳香（Three PEACE）
編集　青柳有紀＋有牛亮祐（ワニブックス）

発行者　横内正昭

発行所　株式会社ワニブックス
〒150-8482
東京都渋谷区恵比寿4-4-9　えびす大黑ビル
電話　03-5449-2711（代表）
03-5449-2716（編集部）
ワニブックスHP　http://www.wani.co.jp/
WEBマガジン BOOKOUT　http://www.wanibookout.com/

印刷所　株式会社美松堂
DTP　sun creative
製本所　ナショナル製本

定価はカバーに表示してあります。

ISBN 978-4-8470-9640-2